ISÖ-Text 2019-2

Soziales Europa 2030/2045

Zukunftsszenarien für die EU-Sozialpolitik

Herausgegeben von Michael Opielka

ISÖ – Institut für Sozialökologie gemeinnützige GmbH
ISÖ – Institute for Social Ecology non-profit company

Soziales Europa 2030/2045

Zukunftsszenarien für die EU-Sozialpolitik

Mit Beiträgen von Wolfgang Borde, Christine Kirschbaum, Wolfgang Strengmann-Kuhn und Michael Opielka

Herausgegeben von Michael Opielka

Siegburg, Juli 2019

ISÖ - Institut für Sozialökologie gemeinnützige GmbH

Ringstraße 8, 53721 Siegburg

Tel.: +49 (0) 2241 1457073, Fax: +49 (0) 2241 1457039, E-Mail: info@isoe.org, Web: www.isoe.org

Coverabbildung: Thüringer Staatskanzlei in Erfurt (Foto ISÖ)

Weitere Informationen finden Sie auf der Homepage des

ISÖ – Institut für Sozialökologie gGmbH:

http://www.isoe.org/

Aus dem Fenster

von Czesław Miłosz

Jenseits von Wald und Feld und wieder Feld
Liegt Wasser wie ein Spiegel da und zeigt,
Zum Meer sich neigend, eine goldne Welt,
Wie eine Tulpe sich zur Schale neigt.

Der Vater sagt, daß dort Europa liegt,
An hellen Tagen ist's zum Greifen nah,
Noch rauchend von so manchem Sturm und Krieg.
Viel Menschen, Hunde, Pferde wohnen da.

Dort türmen sich die Städte bunt und reich,
Die Flüsse sind aus Silberdraht gewirkt,
Und weiße Berge, Gänsedaunen gleich,
Sind eine Decke, die die Erde birgt.

Aus dem Polnischen von Jeannine Luczak-Wild

Czesław Miłosz war ein polnischer Dichter. 1980 erhielt er den Nobelpreis für Literatur. Seit 1961 Professor an der University of California in Berkeley. Er schrieb dieses Gedicht 1943 im Warschauer Ghetto, wo er im Untergrund gegen die deutsche Besatzung arbeitete. Das Gedicht öffnet das Fenster nach Europa.[1]

---

[1] https://www.faz.net/aktuell/feuilleton/buecher/frankfurter-anthologie/frankfurter-anthologie-aus-dem-fenster-von-czes-aw-mi-osz-16281830.html

Inhaltsverzeichnis

Vorwort

Die Europäische Union muss eine soziale sein. Das ist die Stimmung der Mehrheit der Europäerinnen und Europäer. Die Einstellungsforschung hat das seit Jahrzehnten belegt. Die Konjunktur von Nationalismus und Rechtspopulismus als Gegenbewegung zu Globalisierung, Unübersichtlichkeit und Vermarktlichung legt nahe, dass die EU nicht mehr lange existieren wird, wenn sie diesen Wunsch klarer Mehrheiten nicht respektiert. Doch die Realpolitik tat sich schwer damit, den *vier Grundfreiheiten der EU*

- der freie Personenverkehr, alle EU-Bürgerinnen und EU-Bürger können sich frei innerhalb der EU bewegen, sie dürfen in jedem EU-Land wohnen und arbeiten,
- der freie Warenverkehr, für Waren gibt es innerhalb der EU keine Grenzkontrollen, keine Zölle oder andere Handelsbeschränkungen,
- der freie Dienstleistungsverkehr, die EU-Bürgerinnen und EU-Bürger können in jedem EU-Land ihre Dienstleistungen anbieten,
- und der freie Kapitalverkehr, so kann seit 2002 mit dem Euro in allen Ländern der Eurozone bezahlt werden,

stehen bisher *keine Grundsicherheiten* gegenüber, die verlässlich sind und vergleichbar eingefordert und eingeklagt werden könnten.

Anlass für die vorliegende Publikation war eine Diskussion am 19. Juni 2018 in der Thüringer Staatskanzlei zum Thema „Für ein wirtschaftlich starkes, gerechteres und sozialeres Europa". Der deutsche EU-Kommissar Günther Oettinger (CDU) diskutierte mit dem Thüringer Ministerpräsidenten Bodo Ramelow (Linke), ich verfolgte frustriert die Debatte, beteiligte mich dann an der Diskussion und beklagte, warum nicht ernsthaft über eine sozialpolitische Zukunft der EU nachgedacht wird. Aus diesem Wortwechsel wurde ein Mailwechsel, dann ein Telefonwechsel mit der Staatskanzlei, Wolfgang Borde, der stellvertretende Leiter der Thüringer Landesvertretung in Brüssel kam ins Spiel, den ich seit Jahren mit meinen Jenaer Master-Studierenden bei einer EU-Exkursion besuche. Am Ende wurde der Plan eines Workshops daraus, der schließlich im Januar 2019 realisiert wurde. Der vorliegende Band dokumentiert die Texte und im Falle von Wolfgang Borde die Powerpoint-Präsentation, die vor dem Workshop für die TeilnehmerInnen zirkulierten und für diese Publikation teils erheblich überarbeitet wurden. Bitte erhoffen Sie keine ausgearbeiteten Reformszenarien, für die das ISÖ als Forschungsinstitut und Thinktank der Zukunftsforschung bekannt ist. Die zur Verfügung stehenden Mittel umfassten keine eineinhalb Tagessätze. Trotz der bescheidenen Möglichkeiten investierten die Beteiligten einiges an Herzblut und Engagement. Europa, die europäische Einheit trägt gerade in der heutigen Zeit ein Utopiepotential, die Europahymne, die Schillers Ode an die Freude und Beethovens Erhabenheit vereint, rührt das Herz, weil sie an das Gute im menschlichen Sozialen appelliert. Die Vorstellung, dass Europa auch eine Solidargemeinschaft sein kann, eine Wohlfahrtsgesellschaft mit einem Wohlfahrtsstaat, erscheint kühn und doch für viele Menschen zukunftsträchtig. Dieser Band stellt sowohl kurzfristige, mittlere wie sehr weitreichende Überlegungen für ein soziales Europa vor.

Ich danke den Beteiligten für ihre Unterstützung, vor allem Johannes Blasius und Wolfgang Borde von der Thüringer Staatskanzlei, Christine Kirschbaum vom Thüringer Sozialministerium und auf Seiten des ISÖ Wolfgang Strengmann-Kuhn, Magdalena Wisskirchen und Philipp Herbrich.

Prof. Dr. Michael Opielka

1 Was spricht für einen Wohlfahrtsstaat Europa? Die 5 Zukunftsszenarien der EU-Sozialpolitik nach dem Weißbuch zur Zukunft Europas und die Ziele für nachhaltige Entwicklung der Vereinten Nationen

Michael Opielka

„Was spricht für einen Wohlfahrtsstaat Europa?"[2] – Diese die Tagespolitik scheinbar ignorierende Frage spielt mit einer Utopie, einem Zukunftsentwurf: Ein Wohlfahrtsstaat Europa hat einen Reiz, *wenn er besser wäre* als die bislang bekannten nationalen Wohlfahrtsstaaten. Er müsste etwas „bringen" für die Sozialpolitik. Kaum hat die Rede begonnen, ist sie angefüllt mit evaluativen Konzepten: „besser", „Reiz", „Utopie". In der Sozialpolitik ist das üblich. Sie ist das Feld der Werte, der Kultur, von Moral und Ethik. Schön wäre es, denken vielleicht manche, in Wirklichkeit geht es doch nur um Geld, Wohlfahrt, Ungleichheit, Klassenstabilisierung. Aber auch das sind Werte, nur eben ganz besondere: die Werte von Effizienz, von Stabilität, die Idee einer natürlichen Überlebensordnung, das Lob der Stärke. Auch Werte haben eine Ordnung, sie stehen in komplexen Beziehungen. Die in der Sozialpolitikanalyse wesentliche Theorie der Wohlfahrtsregime basiert auf der Analyse solcher Wertideen: konservativ, liberal, sozialdemokratisch und, wie wir ergänzen, garantistisch (Opielka 2008, 2018).

Im Untertitel dieses Beitrages werden zwei Zukunftsentwürfe angeführt, die weit weniger utopisch wirken: Die 5 Zukunftsszenarien der EU-Sozialpolitik nach dem Weißbuch

---

[2] So lautete der Titel meines einleitenden Vortrages auf der Fachtagung „EU im Praxistest. Was bringt Europa für Sozialpolitik und Soziale Arbeit?", Ernst-Abbe-Hochschule Jena, 8. Juni 2016, auf den ich mich in diesem Papier beziehe. Die Dokumentation der Fachtagung ist im Internet öffentlich zugänglich: https://blog.sw.eah-jena.de/eu-im-praxistest/vortraege/

ISÖ
Institut für
Sozialökologie

zur Zukunft Europas im Jahr 2025 (EU-Kommission 2017) sowie die Ziele für nachhaltige Entwicklung der Vereinten Nationen der „Agenda 2030", die sogenannten SDGs („Sustainable Development Goals"), 17 Ziele mit 169 Unterzielen. Beide Zukunftsentwürfe äußern sich wenig konkret zur Sozialpolitik, wir müssen daher ergänzende Texte heranziehen.

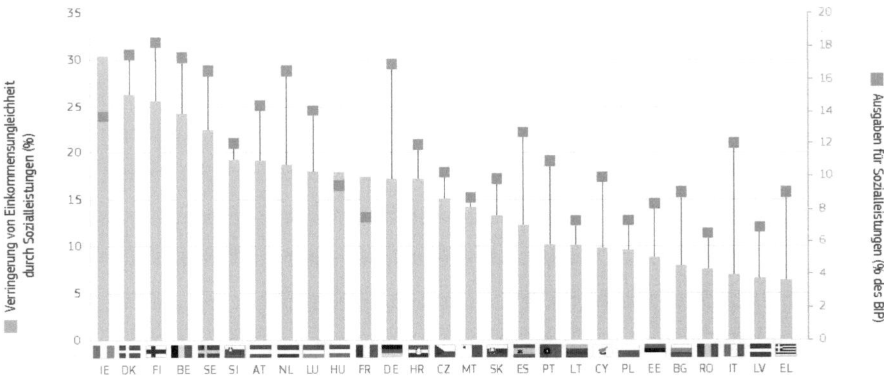

Quelle: Europäische Kommission 2017a, S. 19

Abbildung 1: Gezielte Sozialpolitik kann eine wichtige Rolle bei der Verringerung von Ungleichheiten spielen (in %, 2014)

Die Europäische Kommission hat einen Monat nach dem Weißbuch ein „Reflexionspapier zur sozialen Dimension Europas" (EU-Kommission 2017a) veröffentlicht, in dem auch die „Europäische Säule Sozialer Rechte" (ESSR; EU 2017) angekündigt wurde. Das Reflexionspapier ist verständlich und lesenswert, es enthält zudem einige gut gemachte Abbildungen, vor allem das Schaubild „Gezielte Sozialpolitik kann eine wichtige Rolle bei der Verringerung von Ungleichheit spielen" (Europäische Kommission 2017a, S. 19, siehe Abbildung 1), in dem gezeigt wird, dass Länder wie Irland durch Sozialleistungen eine Verringerung der Einkommensungleichheit um über 30% erreichen, während Deutschland hier gerade bei etwa 17% liegt, zugleich aber, neben Finnland, Dänemark und Belgien mit knapp 30% des BIP die höchste Sozialleistungsquote aufweist. Das soll hier nicht vertieft werden, denn, wie fast immer, müssten wir weitere

Kontextinformationen besitzen, um diese durchaus eindrucksvolle Gegenüberstellung würdigen zu können, beispielsweise zum Niveau der Ungleichheit, zu vulnerablen Gruppen und so weiter. Konzentrieren wir uns daher auf die sozialpolitische Vertiefung der *fünf Weißbuch-Szenarien für die EU: 1. Weiter wie bisher, 2. Schwerpunkt Binnenmarkt, 3. Wer mehr will, tut mehr, 4. Weniger, aber effizienter, und 5. Viel mehr gemeinsames Handeln.*

Im differenzierten und gedankenreichen „Diskussionsbeitrag des TMASGFF" zu unserem Workshop hat Christine Kirschbaum (überarbeitet in diesem Band) bereits zu Beginn festgestellt, dass die überwiegende Mehrheit des Thüringer Landtags − Regierungskoalition und CDU-Fraktion − klar für Szenario 5 votieren. Ich werde mich daher auch darauf konzentrieren, da die anderen vier Szenarien in Bezug auf die Sozialpolitik keine Utopie zulassen, nur Dystopien. Im Reflexionspapier werden die Folgen von Szenario 5 für die soziale Dimension der EU in drei Aussagen zusammengefasst: „Die Bürgerinnen und Bürger genießen mehr Rechte, die sich direkt aus dem Unionsrecht ableiten lassen." „Fiskalische, soziale und steuerliche Fragen werden zwischen den Mitgliedern des EU-Währungsgebiets wesentlich stärker koordiniert." Und: „Die EU stellt zusätzliche Finanzmittel zur Verfügung, um die wirtschaftliche Entwicklung anzukurbeln und auf regionaler, sektoraler und nationaler Ebene auf Schocks reagieren zu können." (Europäische Kommission 2017a, S. 22) Bereits eine Seite später werden sozialpolitische Blütenträume gestutzt: „(..) kann kein Zweifel bestehen, dass Sozialleistungen vor allem eine Sache der Mitgliedstaaten sind und bleiben werden." (ebd., S. 23) − da nützt es wenig, wenn am Ende des Dokuments für Szenario 5 das „Ziel" beschworen wird, „vor allem Konvergenz bei den sozialpolitischen Ergebnissen zu erreichen" (ebd., S. 30). Im Beschluss der 77. Europaministerkonferenz am 7.6.2018 in Brüssel wird zirkulär erklärt, „dass es zur Erreichung dieser Konvergenz jedoch keiner Harmonisierung der Sozialsysteme der Mitgliedsstaaten bedarf" (EMK 2018, S. 2). Halten wir also fest: selbst der offensive Zukunftsentwurf in Szenario 5 des Weißbuchs wird bislang nicht in Richtung eines Wohlfahrtsstaats Europa interpretiert. Folgt Europa mit seinem sozialpolitischen Nationalismus damit einfach nur einem realistischen Welt-Trend, der angesichts möglicher oder prophezeiter gewaltiger weltweiter Wirtschaftskrisen (Müller

ISÖ
Institut für
Sozialökologie

2018) die Beschränkung auf ein in den letzten zweihundert Jahren bewährtes Sozialmodell, nämlich den Nationalstaat, preist, sozusagen „America first!" für alle Amerikas dieser Welt?

Betrachten wir das zweite, nun globale Dokument, die im Herbst 2015 von der UN-Vollversammlung verabschiedeten SDGs (Sustainable Development Goals), die erstmals sozialpolitische und umweltpolitische Ziele in Richtung auf „Soziale Nachhaltigkeit" (Opielka 2017) kombinieren. Je nach Zählart sind 10 der 17 Ziele sozialpolitische Ziele, vor allem natürlich SDG 1 „Keine Armut", das bis 2030 weltweit erreicht werden soll. Die SDGs streben aus konstitutionellen Gründen, die Vereinten Nationen haben keinerlei Staatsähnlichkeit, keine gemeinsamen sozialpolitischen Institutionen zur Zielerreichung an, sondern setzten ausschließlich auf „Governing through Goals" (Kanie/Biermann 2017). Damit dienen die SDGs für unsere europapolitische Betrachtung als eine Kontrastfolie, die die Problemstellung der EU deutlicher hervortreten lässt: Wie viel Sozialstaatlichkeit und damit eben Staatlichkeit soll der EU zukommen? Allerdings, dies als einschränkende Vorbemerkung, trotz ihrer Suprastaatlichkeit ist auch in der EU bis heute umstritten, ob eigenständige sozialpolitische Regulierungskompetenz vorliegt oder ob nicht auch auf EU-Ebene sozialpolitisch vor allem eine Art Zielsteuerung, ein normativer Wettbewerb im Sinne eines Benchmarking oder eben in Form der 2000 eingeführten „Offenen Methode der Koordinierung" (OMK) genügen muss (Eichenhofer 2018).

Ich werde in den nächsten Schritten mit groben Strichen zeichnen und zahlreiche, oft wesentliche Details übergehen. Der methodische Pfad der folgenden Überlegungen ist ein alteuropäischer: die Dialektik, die Vorstellung, dass These und Antithese zu einer Synthese, einem geistigen Gehalt auf höherem Niveau werden können.

*Die **These** ist die Europäische Union, wie wir sie kennen.* Die EU ist ein Staatenbund, kein Bundesstaat, zur Staatlichkeit fehlen ihr vor allem die exekutiven Instrumente des Gewaltmonopols, d.h. Polizei und Militär, einschließlich eigener, personenunmittelbarer Judikative, und vor allem die Fiskalautorität, die Möglichkeit, eigenständige Steuern zu erheben. Es gibt zwar eine „europäische Sozialpolitik", aber sie ist im Wesentlichen

begrenzt auf Arbeitsmarkt und Antidiskriminierung sowie auf die Koordination von Sozialleistungen, wie sie im Grundsatz aus Sozialversicherungsabkommen mit Drittstaaten bekannt sind. Das EU-Sozialministerium ist die „Generaldirektion Beschäftigung, Soziales und Integration"[3], eine von 40 Generaldirektionen und Dienststellen.[4] Eine optimistische Lesart dieser These vertritt Eberhard Eichenhofer, für den in der „Verknüpfung einer wirtschaftlichen mit einer sozialen Zielsetzung (...) der letztlich zentrale Daseinsgrund der EU" besteht (Eichenhofer 2018, S. 316). Das ist eine starke normative Annahme über das Wesen der EU, die von Historikern aus guten Gründen als eine „Unvollendete" (Meurs u.a. 2018) betrachtet wird. Dass die EU dennoch staatsähnlichen, suprastaatlichen Charakter gewonnen hat, verdankt sie ihrer „Konstitutionalisierung" der EU-Verträge vor allem durch den EuGH (Grimm 2016, S. 13), was zugleich ihr Demokratie- und damit Legitimationsproblem begründet (Winkler 2019).

*Die **Antithese** ist die Auflösung der Europäischen Union, der Brexit für alle.* Sie beinhaltet eine *umfassende Renationalisierung* und begrenzt inter-nationale, zwischenstaatliche Kooperation beispielsweise auf bilaterale Sozialversicherungsabkommen, die Deutschland mit 22 Staaten von Australien bis Indien geschlossen hat.[5] Hier kämen dann noch 27 dazu, die bisher durch die EU abgedeckt werden.

Das ist die aktuelle Gefechtslage: eine Europäische Union, die ein „europäisches Wohlfahrtsstaatsmodell" propagiert, ohne ein Wohlfahrtsstaat zu sein, und ihre überwiegend rechts- wie linkspopulistischen Gegner, die diese EU auflösen wollen, entweder durch den einseitigen Austritt, wie den geplanten Brexit, oder durch innere Erosion und Legitimationsentzug, mit dem Ziel, die Nationen wieder stark zu machen, nationale Sozialpolitik als politisches Ziel und nicht nur als Geschichte und Übergang zu definieren.

Lässt sich hier ein Kompromiss finden, der den Geist einer Synthese atmet? Die Strategie der Bundesregierungen und wesentlicher Teile der EU-Eliten war lange Zeit: mehr

---

[3] http://ec.europa.eu/social/home.jsp?langId=de

[4] http://www.europarl.de/de/europa_und_sie/institutionen_organe/kommission.html

[5] http://www.deutsche-rentenversicherung.de/Allgemein/de/Inhalt/2_Rente_Reha/01_rente/01_grundwissen/05_rente_und_ausland/01a_grundlagen/01_02_grundlagen_sozialversabkommen.html

Großbritannien wagen, weniger Regulierung, eine „EU light", die EU als „hegemoniales Liberalisierungsprojekt" (Münch 2010, S. 46). Die EU würde bei einem Kompromiss der beiden Lager – der Pro-EU-ler einerseits, der Renationalisten andererseits – nur ausgedünnt, entmachtet. Das ist keine Synthese, die auf eine neue systemische Ebene führt. Denn klar ist schon: „Die EU ist über eine Wirtschaftsgemeinschaft längst hinausgewachsen. Was sie am Ende sein soll, ist dagegen ungeklärt. Ist das Ziel ein europäischer Staat, die USE, oder eine Zweckgemeinschaft der Mitgliedsstaaten für Angelegenheiten, die sich gemeinsam besser lösen lassen als getrennt?" (Grimm 2016, S. 28)

Eine solche **Synthese** *wäre die weitestgehende Aufhebung des Nationalen, seine Integration in ein transnationales Programm der „Vereinigten Staaten von Europa"* (Guérot 2017), eines Bundesstaates – statt eines Staatenbundes –, der schon deshalb keine Übernation wäre, weil ihm die gemeinsame Sprache fehlt. Im Zentrum dieser neuen Vereinigten Staaten stünde der „Wohlfahrtsstaat Europa" (Habermas 1998). Da die nationalen Sozialversicherungen und Sozialwerke nicht einfach in ein neues Sozialwerk integriert werden können, wäre auch ein neues Sozialsystem erforderlich. Im Bereich der sozialen und gesundheitlichen Dienste dürften die nationalen Systeme noch längere Zeit koexistieren und nur weiter harmonisiert werden. Im Bereich der monetären Transferleistungen hingegen wäre etwas Neues fällig, aus einer Reihe von Gründen, die wir noch diskutieren werden. Einen Vorschlag machte im Vorfeld der Europawahl 2019 auf einer von der Bertelsmann Stiftung unterstützten Plattform („Twelve Stars") der Philosoph Philippe van Parijs, der wie der Autor dieses Beitrags zu den Begründern des „Basic Income Earth Network" (damals „Basic Income European Network") BIEN im Jahr 1985 gehörte: eine „Eurodividende". Sein Vorschlag: „Die EU sollte jedem legalen Bewohner der Europäischen Union oder der Eurozone ein moderates Grundeinkommen zahlen, das durch die Mehrwertsteuer finanziert wird." (Parijs 2019, S. 13) Als Teil-Grundeinkommen (partial basic income) schweben ihm derzeit 200 Euro im Monat vor, für die die Mehrwertsteuer um 20 Prozent angehoben werden müsste, in Deutschland betrüge sie dann beispielsweise 39 Prozent. Sein Text ist lesenswert, sein Vorschlag jedoch wenig realistisch, losgelöst von den vielfältigen Diskussionen um einen euro-

päischen Rahmen für eine Mindestsicherung (Benz 2019). Ich halte einen anderen Vorschlag dagegen: Ein „Wohlfahrtsstaat Europa" würde gewinnen und leben, wenn in seinem Zentrum eine Bürgerversicherung für alle Einkommensrisiken steht, eine „Grundeinkommensversicherung" mit einem Europäischen Amt für Sozialversicherung (ESV), das die steuerähnlichen Beiträge in Kooperation mit den nationalen Steuerbehörden erhebt.

Aber geht das überhaupt? Selbst eine intuitiv überzeugende Synthese aus den beiden gegensätzlichen Dominanzströmungen der Europapolitik muss sich zahlreichen Einwänden stellen, die sie wiederum stark machen könnten. Ich möchte im Folgenden den Synthese-Vorschlag eines europäischen Sozialstaates anhand seiner möglichen Einwände diskutieren. Diese Diskussion hilft, so unsere Annahme, nicht nur bei der Beurteilung der großen, sondern auch der kleinen Utopien, der kleinen Zukunftsentwürfe.

Der erste und wichtigste Einwand lautet:

Ein Europäischer Staat ist als Wohlfahrtsstaat Europa viel zu groß und folglich undemokratisch!

Auf diesen Einwand kann man mit dem Hinweis auf die beiden größten Demokratien der Welt antworten: die USA und Indien, die USA mit etwa 2/3 der Bevölkerung der gegenwärtigen EU, Indien mit etwa dem 2,5fachen. Die USA haben mit der „Social Security", der größten Renten-Bürgerversicherung der Welt, über nun mehr als 80 Jahre gezeigt, dass auch bei dieser Größe Demokratie möglich ist – eindrucksvolles Beispiel war die über alle Parteigrenzen gelungene Verteidigung der Social Security gegen die wirtschaftsliberale Agenda des zu einer zweiten Amtszeit gewählten George W. Bush, der sie in 2006 weitgehend schleifen wollte; ein zweites Beispiel war die Einführung von Obamacare, der allgemeinen Krankenversicherungspflicht, die trotz heftiger Bekämpfung durch die Trump-Administration weiter existiert. Indien ist als Schwellenland sozialpolitisch ein Nachzügler, gleichwohl finden sich auch dort eine Rentenversicherungspflicht[6] und ein breites professionelles System von Gesundheitssicherung

---

[6] http://www.roedl.de/de-de/de/themen/documents/riw-laenderreport-indien-woerlein.pdf

und Sozialer Arbeit. Ob es sich bei beiden Großdemokratien um „lupenreine" Demokratien handelt, ist nur mit einer Gegenfrage zu beantworten: Sind beide Staaten beispielsweise weniger demokratisch als derzeit die weitaus kleineren EU-Mitglieder Ungarn oder Polen?

Der Kern dieses Einwandes – zu groß und „folglich" undemokratisch – hat freilich noch eine andere, sozialwissenschaftlich schwer zu greifende Dimension, die sich mit dem Begriff der „Konstitutionalisierung" fassen lässt. Dieter Grimm, früher Richter des Bundesverfassungsgerichts, hat ihn dazu verwendet, um deutlich zu machen, dass die EU-Verträge und in ihrer Folge die exekutiven und judikativen Institutionen der EU sich „von den demokratischen Prozessen in den Mitgliedsstaaten wie in der EU selbst weitgehend entkoppelt haben (…) Die demokratische Legitimation wird sich daher nur durch eine Repolitisierung der europäischen Entscheidungsprozesse wiedergewinnen lassen." (Grimm 2016, S. 7). Grimm hält sich in Sachen Bundesstaat Europa bedeckt, doch sein Hinweis ist zutreffend: Demokratie lebt vom und im Interessenkonflikt, die besondere Leistung von Demokratien mit allgemeinem, freiem und gleichem Wahlrecht sowie Presse- und Meinungsfreiheit liegt darin, dass sich zeitweilig unterdrückte, marginalisierte Interessen bei guter Selbstorganisation Gehör verschaffen können. Auch die jüngsten EU-Konflikte von der Finanz-, über die Griechenland-, Flüchtlings- und nun Brexit-Krise können als demokratische Praxis zur demokratischen Legitimation Europas beitragen.

Ganz grundsätzlich wissen die Sozial- wie die Rechtswissenschaften um die gemeinschaftsbildende Kraft gut institutionalisierter Konflikte und die Historiker auch, dass nicht immer alles planvoll läuft. So lobt van Parijs die ökonomisch und sozialpolitisch integrative Potenz der USA mit ihren beiden Puffern: zum einen den erheblichen internen Wanderungsbewegungen, sechsmal so viel US-Bürger zögen innerhalb der USA um als EU-Bürger innerhalb der EU; zum anderen der gewaltige Länderfinanzausgleich durch Sozialleistungen auf Bundesebene (federal level), der zum Ausgleich bei regionalen Krisen auf Ebene der Bundesstaaten beiträgt: „Nach jüngsten Schätzungen beträgt der Umfang dieses automatischen Ausgleichs – je nach angewandter Methode

– zwischen 20 und 40 Prozent der Gesamtaufwendungen zur Abfederung des wirtschaftlichen Abschwungs eines Mitgliedsstaates. In der EU hingegen wird weniger als ein Prozent dieser Kosten durch Anpassungen der zwischenstaatlichen Transferzahlungen aufgefangen." (Parijs 2019, S. 16) Was Parijs nicht erwähnt, sind die gewaltigen Konflikte, die historisch das Zusammenwachsen der USA begründet haben und die bis heute die leicht (auch von Trump) mobilisierbare Aversion „gegen Washington" (analog zu „Brüssel") als Balast mit sich tragen: der Sezessionskrieg (Amerikanische Bürgerkrieg) von 1861 bis 1865, die Mobilisierung im ersten und vor allem im zweiten Weltkrieg („Soldat James Ryan"), die „Great Depression" der Weltwirtschaftskrise und der „New Deal", eine Serie von Wirtschafts- und Sozialreformen, die in den Jahren 1933 bis 1938 unter US-Präsident Franklin D. Roosevelt durchgesetzt werden, darunter die Einführung der bereits erwähnten „Social Security", und schließlich „Obamacare", die extrem konfliktreiche Einführung einer Art nationaler Krankenversicherung, an der sich sechzehn Jahre zuvor Hillary Clinton als Ehefrau des Präsidenten Bill Clinton mit einer Kommission noch die Zähne vergeblich ausbiss. Solche Konflikte stehen der EU bevor, wenn sie ein Wohlfahrtsstaat werden will, hoffentlich ohne die Kriege, aber gewiss nichts nur für zarte Gemüter. Warum soll das nicht gehen in der Zeit von Internet, Social Media und Mediencoaching? Natürlich sind Salvini oder Orbán im Konflikt mit dem zivilisierten Mainstream der EU. Doch diese Konflikte braucht die EU zur Integration, sie braucht Personalisierung, Symbolisierung, aber auch reale, bedeutsame Interessen und Ideen. Ihre Größe und die sprachliche Vielfalt machen es schwierig, aber nicht unmöglich.

Der zweite Einwand gegen Europa als Bundesstaat lautet:

Europa fehlt ein Staatsvolk, das sich untereinander als gemeinschaftlich verbunden und somit von Natur aus solidarisch empfindet und nur auf einem solchen Volksempfinden lässt sich ein nachhaltiger Wohlfahrtsstaat aufbauen!

Auf das Volk beziehen sich am heftigsten die Populisten, die sich selbst als vox populi, als Stimme des Volks sehen. Doch wenn man das Volk sucht, wird man fast immer nicht recht fündig. Die rassistische und volkserzieherische Volkskunde der NS-Zeit war wissenschaftlich unergiebig und ethisch vernichtend. Das Gegenbild zum Blut- und Boden-Volksbegriff bildet der aufklärerische Volksbegriff, den Jürgen Gerhards und Holger Lengfeld in ihrer empirischen Studie „Wir, ein europäisches Volk?" (Gerhards/Lengfeld 2013) untersuchen: Sie entwickeln ein Konzept einer sozial integrierten europäischen Gesellschaft, das auf der Annahme beruht, dass sich die EU-Bürger unabhängig von ihrer jeweils konkreten nationalen Herkunft als Gleiche anerkennen. Mit den Daten einer Umfrage aus vier Ländern prüfen sie, in welchem Maße die Europäer diese Idee einer europäisierten Chancengleichheit unterstützen oder ob sie weiterhin einem nationalstaatlich geschlossenen Gleichheitskonzept anhängen. Die empirischen Befunde der Studie stimmen die Autoren optimistisch: Die kulturellen Grundlagen für ein sozial integriertes Europa scheinen gegeben zu sein, da sich die Bürger der Europäischen Union in hohem Maße als Gleiche anerkennen, sich kaum gesellschaftliche Konfliktlinien um die Zubilligung gleicher Rechte für Bürger aus anderen EU-Ländern zeigen und die Menschen sich auch in der Alltagspraxis weitgehend an diesen Werten orientieren. Ähnliche Befunde ergeben seit vielen Jahren alle repräsentativen Wiederholungsbefragungen in Europa. Die EU-BürgerInnen wollen einen Wohlfahrtsstaat der Gleichheit.

Zwischen Biologismus und soziologischer Einstellungsforschung erstreckt sich ein weites Land, wie alle Migrationswellen der letzten Jahrzehnte zeigten: von den Vertriebenen im und nach dem Zweiten Weltkrieg über die Aussiedler und Spätaussiedler bis hin zu den europäischen und nun internationalen Asylbewerbern und Kriegsflüchtlingen – ab wann wird der Fremde zum Mitglied des Volks? Reichen Sprachkompetenz, Arbeitsmarktintegration und Verfassungsanerkennung? Wieviel Erbgut und Volksblut braucht es? Oder geht es um europäische Großwerte: Erträgt Europa nur Christen, philosophisch kompetente Atheisten und Juden, zumindest heute?

Schon die europäischen Nationalstaaten tun sich mit ihren Staatsvölkern schwer, immer wieder wollen Halbvölker ausscheren, ob Katalanen, Basken, Korsen oder Schotten. Womöglich ist es deshalb für einen Bundesstaat Europa ratsam, den Volksbegriff eher historisch und schlicht voluntaristisch, also durch immerwährende Selbst-Behauptung zu konstituieren, wie das auch die Schweizer vormachen: sie sehen sich als

Eidgenossenschaft und als „Willensnation" (Opielka 2007). Schön haben das auch die Schweden gemacht, deren Sozialdemokratie seit den 1930er Jahren den nationalen Wohlfahrtsstaat zum „Volksheim" (Folkhemmet) erklärte und einen auch dort ursprünglich rechtskonservativen Begriff modernisierend entgiftete. Warum soll das für Europa nicht auch gelingen?

Vielleicht gelingt das wie so oft über Umwege, also indirekt, indem wir Europäer erst einmal in die Fremde reisen. Machen wir dies zum Beispiel in die USA, dann müssen wir bei der Einreise „caucasian" ankreuzen, um unsere Diversity-Herkunft zu markieren. Im englischen Sprachraum wird „caucasian" als Synonym für Europäer im Sinne hellhäutiger Menschen verwendet. Für die „Anderen" *gibt* es also ein europäisches Volk. Ob sich dieses künftige europäische Staatsvolk untereinander solidarisch empfindet – hier war die Griechenland-Krise ein erster Lackmus-Test. Ein anderer ist der Umgang mit Armen, Erwerbslosen und Kranken aus anderen EU-Staaten. In einem klugen Beitrag hat der Oxford-Historiker Brendan Simms nachgezeichnet, warum Deutschland sowohl für die Europäische Union verantwortlich ist wie es sie zugleich destabilisiert. Dabei griff er weit zurück, bis vor den Westfälischen Frieden und mitten in das Heilige Römische Reich deutscher Nation, das wie eine Blaupause für die EU wirke. Auch er schlägt Vereinigte Staaten von Europa vor, allerdings nur für die Eurozone Kontinentaleuropas ohne Großbritannien. Das jedoch soll wiederum die Blaupause für einen minimalistischen Wohlfahrtstaat Europa abgeben, den „Eurozonenstaat", der zugleich das Flüchtlingsproblem löst: „Er wird dann auch in der Lage sein, die Freizügigkeit innerhalb der Union zu gewährleisten und sie vor ‚Sozialtourismus' zu schützen, und zwar durch eine in der gesamten Union geltende Form des alten englischen Armengesetzes: Menschen, die sich nicht selbst erhalten können und nicht in ein beitragsgestütztes Versicherungssystem eingezahlt haben, müssen in ihr Heimatland zurückkehren, wo sie ein Anrecht auf die soziale Grundsicherung besitzen." (Simms/Schmelter 2016) Man mag über britische Kauzigkeit lächeln und den Historiker darüber belehren, dass das europäische Sozialrecht eine Rückkehr nach Speenhamland nicht zulässt. Aber lesen wir das Positive, das Lob auf das ursprünglich deutsche, nämlich Bismarcksche Modell einer beitragsfinanzierten Sozialversicherung und blicken auf den dritten Einwand:

Eine europäische Arbeitslosen- und Rentenversicherung und auch eine Absicherung von Kinder- und anderen Care-Zeiten sind nicht vorstellbar, weil die nationalen Traditionen so vielfältig sind!

Seit 2014 wird eine europäische Arbeitslosenversicherung diskutiert, mit verschiedenen Varianten, ob nun als von den nationalen Sicherungen zu ergänzende oder grundlegende Basissicherung: „Bei der echten Basisversicherung haben die Arbeitslosen eigene Ansprüche unmittelbar gegen die europäische Versicherung. Bei der unechten Basisversicherung erstattet diese den nationalen Arbeitslosenversicherungen deren Leistungen bis zu einer bestimmten EU-weit einheitlichen Grenze." (Kullas/Sohn 2015, S. 2) Vorschläge für eine europäische Rentenversicherung sind bisher nicht aufgetaucht, hier geht es auch um ungleich höhere Transfersummen. Gleichwohl lässt sich, wie Eberhard Eichenhofer nachzeichnete, eine gewisse Abstimmung, wenn nicht eine sanfte, benchmarkgestützte Harmonisierung der Alterssicherung zwischen den Mitgliedsstaaten beobachten, die durch die EU-Methode der OMK, die „Offene Methode der Koordinierung" zustande kommt (Eichenhofer 2009, 2018). Das ist überhaupt ein Grundkennzeichen der Europäischen Sozialpolitik: das geradezu exzessive Bestehen auf Föderalität, auf Subsidiarität der Mitglieds- als Nationalstaaten. Doch unterhalb – oder auch oberhalb – der staats- und verfassungsrechtlichen Nationalstaatsbewahrung unterläuft die Rechtsentwicklung – vom bereits zitierten Dieter Grimm durchaus auch kritisch gesehen, von Eberhard Eichenhofer gepriesen – den sozialpolitischen Nationalismus, indem sie zunehmend die soziale Grundrechte fokussiert, die Grundrechtecharta gehört mittlerweile zum europäischen Primärrecht. Europäisches Sozialrecht achtet zunehmend auf die Sicherung des Existenzminimums (dazu ausführlich auch Benz 2019).

Aus eher sozialphilosophischer Perspektive hat Jürgen Habermas die „realistische Utopie der Menschenrechte" zum Ausgangspunkt eines flammenden Plädoyers für eine „Verfassung Europas" gemacht (Habermas 2014). Zudem müssen wir zumindest gedanklich nicht bei Europa stehenbleiben, auch deshalb lohnt das laufende Mitden-

ken der Sustainable Development Goals (SDG) der Vereinten Nationen für unsere Fragestellung. Jo Leinen, bis 2019 zwanzig Jahre lang Europaabgeordneter und davor unter anderem Anti-AKW- und Friedensaktivist sowie Landesminister, hat an Anarcharsis Cloots erinnert, der 1794 unter der französischen Revolutions-Guillotine starb und davor für eine Weltrepublik plädierte (Bummel/Leinen 2019). Was in Europa schon gewaltig erscheint, dürfte auf Weltniveau nicht einfacher sein. Dass die SDGs einen weltsozialpolitischen Impuls entfalten, verdanken sie womöglich solchen Menschen, denen eine Weltrepublik schon lange lieber ist als Weltkriege. Ein Wohlfahrtsstaat Europa wäre in dieser Perspektive nur ein Zwischenschritt in der Aufhebung des Nationalen, aber ein unverzichtbarer.

Wenn wir nun noch eine weitere Diskussionslinie damit in Kontakt bringen, die Diskussion zu einem garantierten oder – wie es fälschlich oft heißt: bedingungslosen – Grundeinkommen, dann lassen sich die Konturen eines Wohlfahrtsstaat Europa deutlicher zeichnen. Das mit 23,1% Befürwortern eher mäßige Abschneiden der Befürworter eines Verfassungsartikels für ein Grundeinkommen im Schweiz-weiten Referendum am 5.6.2016 hatte seinen Grund in zwei Mängeln der Referendumskampagne: sie war, auch dank großzügiger Hintergrundspender, völlig grassroots-orientiert und versäumte es, ein breites Spektrum an sozialem Lobbyismus zu mobilisieren, kaum Verbände, keine Gewerkschaften, im Grunde nur Einzelpersonen. Der zweite Mangel war der Mangel an Konkretion, an Kostenschätzung. Anstatt dessen wurden ganz unrealistische Beträge genannt, 2.500 Franken monatlich, knapp 2.300 Euro sollte das erwachsene Individuum erhalten – auch für Schweizer Verhältnisse viel Geld, zumal die Alters-Grundrente im zurecht hochgelobten Bürgerversicherungs-Rentensystem AHV bei nur 1.175 Franken, also 1.072 Euro liegt – und die doppelt so hohe Maximalrente bei 2.350 Franken.

Auch wenn die Schweiz nicht zur EU gehört (oder vielleicht gerade deshalb), könnte ein Wohlfahrtsstaat Europa an ihr gut anknüpfen. Indem Arbeitslosen- und Rentenversicherung in einer Bürgerversicherung verknüpft werden, zusätzlich und sinnvollerweise

ISÖ
Institut für
Sozialökologie

würden auch noch weitere Tatbestände der Einkommenssicherung integriert, also Kindergeld, Familien- und Pflegezeiten, Invalidität, Ausbildung und Studium. Einen solchen Vorschlag habe ich mit dem Modell einer „Grundeinkommensversicherung" gemacht, die Schweizer AHV als Modell ausgeweitet auf alle Einkommensbedarfe (Opielka 2008, 2018). Ob und wie dieses Modell mit den hergebrachten nationalen Sicherungssystemen integriert wird – im Sinne einer europäischen Grundbetragslösung, die, je nach nationaler Kaufkraft, in den Staaten aufgestockt wird – oder ob hier ein ganz neues Sozialwerk entsteht, in das die alten Systeme per Überleitungsregelung bzw. im Rahmen des koordinierenden Sozialrechts der EU sukzessive aufgehen, mag hier offen bleiben. Eine Grundeinkommenslösung über eine Bürgerversicherung, finanziert über steuerähnliche Beiträge auf alle Einkommensarten, hätte viele Vorteile, nur einen möchte ich noch nennen: vielleicht stoppt eine solche Lösung auch das Abwandern aus den Flächen in die Metropolen, indem sie das Leben in der Peripherie, im ländlichen und kleinstädtischen Raum ökonomisch auskömmlich macht, auch diese Erfahrung macht die Schweiz. Praktisch würde ein solches Modell in der Euro-Zone beginnen und eine Opt-In-Opt-Out-Regel für die Eurozonen-Mitglieder beinhalten, eine transnationale Umverteilung würde im Rahmen dessen bleiben, was das Bundesverfassungsgericht bei Fiskalpakt und ESM für zulässig erklärte, ohne die Budgethoheit des Bundestages zu gefährden. Sie könnte sich dabei auf Armutsbekämpfung konzentrieren, also SDG 1, auf die Sicherung von Grundrechten, vor allem auch für Kinder und vulnerable Gruppen.

Für das von seiner Bedeutung her nicht geringere Feld der sozialen und gesundheitlichen Dienste könnte es ganz ähnlich aussehen. Wie Thomas Bahle zeigte, zeichnen sich soziale Dienstleistungen bereits systemisch-historisch nicht durch eine erwerbsarbeitszentrierte Sozialversicherungslogik aus, sondern durch eine BürgerInnen- und Netzwerk-Logik: „Nicht Klassenkonflikte und Statussicherung, sondern Kooperation zwischen Akteuren und das Ziel der Gleichheit haben die sozialen Dienste langfristig geprägt. Auf dieser Grundlage könnte es dem Wohlfahrtsstaat gelingen, eine neue institutionelle Basis für das gegenwärtige Jahrhundert zu finden." (Bahle 2007, S. 31)

Das passt ziemlich gut zum tastenden Charakter des heutigen Europas und zu einem künftigen föderalen Wohlfahrtsstaat Europa.

Ich beende damit die kurze Wanderung durch die Einwände gegen einen Wohlfahrtsstaat Europa. Ziel dieser Überlegungen waren einige Antworten auf die Frage, welche Vorteile ein Wohlfahrtsstaat Europa birgt, die in der Auseinandersetzung mit relevanten Einwänden gewonnen wurden. Fassen wir sie kurz zusammen:

1. Ein Wohlfahrtsstaat Europa stellt zunächst aufgrund seiner Größe, aber auch wegen seiner historischen Heterogenität hohe demokratiepolitische Anforderungen. Doch wenn dies in den USA oder in Indien einigermaßen gelingen kann, dann schafft das auch Europa.
2. Die Frage nach der europäischen Identität und Solidarität kann nicht mehr schein-biologisch und mit Beleg auf historisches Schicksal beantwortet werden. Europa wird ein Bundesstaat und, ähnlich wie die Schweiz, eine föderale Willensgemeinschaft sein.
3. Der Wohlfahrtsstaat Europa wird ein BürgerInnenstaat sein, das Prinzip von Menschen- bzw. Bürgerrechten ist dominant, sowohl in der Einkommenssicherung, wo eine „Grundeinkommensversicherung" nach Schweizer AHV-Vorbild überzeugt, wie im Bereich der sozialen und gesundheitlichen Dienste.

Wenn so vieles für einen Wohlfahrtsstaat Europa spricht, warum tritt derzeit kaum jemand für ihn ein? Erlauben Sie eine provisorische Antwort: weil Politik fast überall von älteren weißen Männern gemacht wird. Sie sind die politischen Träger des Euro-Skeptizismus (Stokes 2016), sie trieben das Vereinigte Königreich in den Brexit. Die Zukunft der EU wird davon abhängen, eine realistische Vision zu entwickeln, die den Rest der Gesellschaft begeistert, der die Mehrheit bildet – und ältere weiße Männer können sich dann anschließen. Es muss eine föderale Vision sein, einen europäischen Zentralstaat wird es nicht geben. Da Staatlichkeit heute ohne Wohlfahrtsstaatlichkeit nicht mehr geht, dürfte auch ein Wohlfahrtsstaat Europa kein Einheits- sondern ein Pluralstaat sein, föderal und subsidiär, mehr regulierend als selbst produzierend. Aber das ist nicht neu, die „Offene Methode der Koordinierung", die OMK macht das seit bald zwei Jahrzehnten.

Literatur

Bahle, Thomas, 2007, Wege zum Dienstleistungsstaat. Deutschland, Frankreich und Großbritannien im Vergleich, Wiesbaden: VS Verlag für Sozialwissenschaften

Becker, Ulrich, 2012, Die Sozialpolitik im Spannungsverhältnis von Nationalstaat und supranationalen Institutionen, in: Sozialer Fortschritt, Vol. 61, 5, S. 86-92

Benz, Benjamin, 2019, Ausgestaltung eines europäischen Rahmens für die Mindestsicherung. Gutachten im Auftrag des Deutschen Gewerkschaftsbundes (DGB) und der Nationalen Armutskonferenz (NAK). Recklinghausen/Bochum: Ev. Fachhochschule Rheinland-Westfalen-Lippe

Bummel, Andreas/Leinen, Jo, 2019, „Lang lebe die Weltrepublik!", in: DIE ZEIT, 29, S. 17

Eichenhofer, Eberhard, 2009, Offene Methode der Koordinierung und Alterssicherung, in: Deutsche Rentenversicherung, 1, S. 3-14

ders., 2018, Sozialrecht der Europäischen Union, 7. Aufl., Berlin: Erich Schmidt

EMK (Europaministerkonferenz), 2018, Beschluss zu TOP 3 Zukunft soziales Europa. Sitzung der 77. Europaministerkonferenz am 7. Juni 2018 in Brüssel

EU, 2017, Europäische Säule Sozialer Rechte, Brüssel

Europäische Kommission, 2017, Weissbuch zur Zukunft Europas. Die EU der 27 im Jahr 2015 – Überlegungen und Szenarien, Brüssel

dies., 2017a, Reflexionspapier zur sozialen Dimension Europas, Brüssel 2017

Europäisches Parlament, Bericht über die Förderung der sozialen Integration und die Bekämpfung der Armut, einschließlich der Kinderarmut, in der EU, BE Gabriele Zimmer, A6-0364/2008

Freistaat Thüringen – Staatskanzlei, 2018, Europapolitische Strategie des Freistaats Thüringen 2.0. Beschluss der Thüringer Landesregierung vom 3. Juli 2018

Gerhards, Jürgen/Lengfeld, Holger, 2013, Wir, ein europäisches Volk? Sozialintegration Europas und die Idee der Gleichheit aller europäischen Bürger, Wiesbaden: Springer VS

Grimm, Dieter, 2016, Europa ja – aber welches? Zur Verfassung der europäischen Demokratie, München: Beck

Guérot, Ulrike, 2017, Warum Europa eine Republik werden muss. Eine politische Utopie, München: Piper

Habermas, Jürgen, 1998, Die postnationale Konstellation, Frankfurt: Suhrkamp

ders., 2014, Zur Verfassung Europas. Ein Essay, 5. Aufl., Berlin: Suhrkamp

Kanie, Norichika/Biermann, Frank (eds.), 2017, Governing through Goals. Sustainable Development Goals as Governance Innovation, Cambridge, Ms./London: MIT Press

Kullas, Matthias/Sohn, Klaus-Dieter, 2015, Europäische Arbeitslosenversicherung. Ein wirkungsvoller Stabilisator für den Euroraum?, Freiburg: CEP

Meurs, Wim van u.a., 2018, Die Unvollendete. Eine Geschichte der Europäischen Union, Bonn: Dietz

Müller, Dirk, 2018, Machtbeben. Die Welt vor der größten Wirtschaftskrise aller Zeiten, 4. Aufl., München: Heyne

Münch, Richard, 2010, Die Rationalität des Regierens im europäischen Mehrebenensystem, in Eigmüller, Monika/Mau, Steffen (Hrsg.), Gesellschaftstheorie und Europapolitik, Wiesbaden: VS, S. 33-48

Opielka, Michael, 2006, Europas soziale Werte. Der Wohlfahrtsstaat als Projekt europäischer Identität, in: Internationale Politik, 4, 61. Jg., S. 106-115

ders., 2007, Die Gemeinschaft der Schweiz. Wie Sozialpolitik den Nationalstaat sinnvoll erhält, in: Eberle, Thomas S./Imhof, Kurt (Hrsg.), Sonderfall Schweiz, Zürich: Seismo-Verlag, S. 188-209

ders., 2008, Sozialpolitik. Grundlagen und vergleichende Perspektiven, 2. Aufl., Reinbek: Rowohlt

ders., 2017, Soziale Nachhaltigkeit. Auf dem Weg zur Internalisierungsgesellschaft, München: oekom

ders., 2018, Innovationsbeitrag für den Zukunftstalk „Sozialsysteme", in: ders./Sophie Peter, Zukunftsszenario Altenhilfe Schleswig-Holstein 2030/2045. Ergebnisbericht. ISO-Text 2018-1, Norderstedt: BoD, S. 76-85

Parijs, Philippe Van, 2019, Die Eurodividende, in: Twelve Stars Initiative, Bertelsmann Stiftung (Hrsg.), Twelve Stars. Philosophen schlagen einen Kurs für Europa vor, 2. Aufl., Gütersloh: Verlag Bertelsmann Stiftung, S. 13-21

Schmid, Thomas, 2016, Europa ist tot, es lebe Europa! Eine Weltmacht muss sich neu erfinden, München: C. Bertelsmann

Simms, Brendan/Schmelter, Lukas, 2016, Die deutsche Frage, in: FAZ v. 21.3.2016, S. 6

Simms, Brendan/Zeeb, Benjamin, 2016, Europa am Abgrund. Plädoyer für die Vereinigten Staaten von Europa, München: Beck

Stokes, Bruce, 2016, Euroscepticism Beyond Brexixt, Washington: Pew Research Center

TMASGFF, 2019, Non-paper: Thesen, Vorschläge und Fragen. Diskussionspapier zum Workshop „Soziales Europa 2030/2045 - Zukunftsszenarien für die EU-Sozialpolitik", Erfurt 24.1.2019, Ms.

Vobruba, Georg, 2017, Krisendiskurs. Die nächste Zukunft Europas, Weinheim: Beltz-Juventa

Winkler, Heinrich August, 2019, Schluss mit dem Träumen. Europa lässt sich nicht gegen die Nationen vereinigen, sondern nur mit ihnen. Ein Plädoyer für mehr Realismus, in: DIE ZEIT, 26, S. 8

2 Sozialpolitische Initiativen im Europawahljahr 2019 und darüber hinaus

Wolfgang Strengmann-Kuhn

2.1 Einleitung: Wo stehen wir?

Die Europäische Union hat sich von Anfang an auch sozialen Zielen verschrieben. Das wurde schon im Vertrag zur Gründung der Europäischen Wirtschaftsgemeinschaft deutlich erklärt. Im Laufe der Jahre wurden gemeinsame Regelungen vor allem für Arbeitnehmerinnen und Arbeitnehmer in allen Mitgliedstaaten eingeführt. So waren Richtlinien über sicherere Arbeitsbedingungen, die Gleichstellung von Männern und Frauen und der Schutz vor Diskriminierung wichtige Schritte zur Gestaltung eines sozialen Europas.

Mit dem Europäischen Sozialfonds (ESF) wurde zudem eines der ersten EU-Förderprogramme den Bereichen Arbeit und Soziales gewidmet. Seit 1958 ist der ESF ein zentrales Finanzierunginstrument der Europäischen Union zur Förderung von Beschäftigung und sozialer Integration. Er investiert unmittelbar in die Menschen vor Ort, indem er konkrete Projekte zur Aus- und Weiterbildung, zur Arbeitsvermittlung oder zur sozialen Eingliederung fördert.

Die zunehmende Mobilität von Arbeitnehmern zwischen den Mitgliedstaaten führte im Jahr 2004 zu einer grundsätzlichen Neustrukturierung der Regeln für grenzüberschreitende Sozialversicherungsleistungen durch die Verordnung zur Koordinierung der Sozialen Sicherheit VO 883/2004.

Ein weiterer wichtiger Schritt war der Lissabon-Prozess von 2001-2010, mit dem erstmals prominent auch soziale Ziele gesetzt und verschiedene Methoden auf EU-Ebene eingeführt wurden, um das soziale Europa voran zu bringen. Darunter gehörte unter

anderem die Offene Methode der Koordinierung, die in den 1990er Jahren zunächst im Bereich Beschäftigungspolitik eingeführt wurde, und dann im Rahmen des Lissabon-Prozesses auf verschiedene sozialpolitische Bereiche, zunächst für das Thema Armut, später auch für andere Themen wie Gesundheit und Rente ausgedehnt wurde. Dabei handelt es sich um einen Dialogprozess, in den die wichtigsten nationalen Akteure mit einbezogen sind. Zu dem Prozess gehörte insbesondere auch die Vereinbarung einer jährlichen Berichterstattung durch sogenannte Nationale Aktionspläne (NAP). So mussten die Mitgliedstaaten jährlich einen National Action Plan for Social Inclusion (NAPincl) vorlegen, in dem dargestellt wurde, wie sich Armut und Ungleichheit entwickelt haben und welche Maßnahmen sie planen und durchgeführt haben, um Armut zu verringern. Ein wichtiger Punkt war, dass sich die EU auf gemeinsame Indikatoren zur Grundlage dieser Berichterstattung geeinigt hat, die so genannten Laeken-Indikatoren, zu denen u.a. die Armutsrisikogrenze von 60% des Median-Äquivalenzeinkommen gehört, das in der EU seitdem das Standardmaß für Armut ist.

Die nächste Stufe war die noch laufende EU 2020-Strategie als Nachfolgerin des Lissabon-Prozesses, bei der erstmals auch für den Bereich der Sozialpolitik quantitative Ziele vereinbart wurde. So sollte bis 2020 die Zahl der von Armut und sozialer Ausgrenzung Betroffenen um 20 Millionen verringert werden. Außerdem wurde das Europäische Semester eingeführt. Das ist ein jährlich stattfindender Prozess, bei dem es in erster Linie um die wirtschaftliche Entwicklung in der EU geht, bei dem aber auch die Ziele der EU 2020-Strategie sowie weitere soziale Fragen eine Rolle spielen. Das Europäische Semester ist wiederum mit regelmäßigen Berichten auf Basis gemeinsamer Indikatoren versehen. Die Mitgliedstaaten müssen jährlich Nationale Reformprogramme vorlegen und die EU-Kommission gibt länderspezifische Empfehlungen zu wirtschafts- und sozialpolitischen Fragen.

Ein Meilenstein auf dem Weg zum Sozialen Europa war der Sozialgipfel in Göteborg am 17.11.2017, bei dem die Europäische Säule Sozialer Rechte proklamiert wurde. Die Säule Sozialer Rechte beinhaltet allerdings keine echten Rechte, die einklagbar sind. Sie dient vielmehr als Kompass, der die Richtung weist zur Verwirklichung besserer

ISÖ
Institut für
Sozialökologie

Arbeits- und Lebensbedingungen in der EU, und legt zwanzig Grundsätze für den Euro-Währungsraum in den Bereichen Chancengleichheit und Arbeitsmarktzugang, faire Arbeitsbedingungen sowie Sozialschutz und Inklusion fest. Die EU-Kommission, das Europaparlament, der Europäische Rat, aber auch die Mitgliedstaaten haben sich damit das Ziel gesetzt, auf europäischer Ebene und auch innerhalb der Mitgliedstaaten zu einer Verbesserung der Sozialstandards hinzuwirken. Diese Europäische Säule Sozialer Rechte bildet nun die rechtliche und argumentative Legitimation aller seither vorgelegten Vorschläge und Initiativen in den Bereichen Arbeit und Sozialschutz. Für die Zukunft ist allerdings wichtig, diese Grundsätze verbindlicher zu gestalten und zu konkretisieren.

2.2 Sozialpolitische Initiativen 2019

Auf europäischer Ebene gibt es keine Diskontinuität. Das heißt, trotz der Wahlen werden laufende legislative Prozesse weitergeführt. Im laufenden Jahr stehen noch einige Entscheidungen an. Hier soll nur auf drei wichtige Prozesse verwiesen werden.

Europäische Arbeitsbehörde

Im Frühjahr 2018 machte die EU-Kommission einen Vorschlag zur Bildung einer Europäischen Arbeitsbehörde (ELA), die als dezentrale EU-Agentur ihre Arbeit aufnehmen und drei Ziele verfolgen soll. Erstens soll sie den Zugang von Einzelpersonen und Arbeitgebern zu Informationen über ihre Rechte und Pflichten sowie zu den einschlägigen Diensten ermöglichen oder erleichtern. Zweitens soll sie die Zusammenarbeit zwischen den Mitgliedstaaten bei der grenzüberschreitenden Durchsetzung der einschlägigen Rechtsvorschriften der Union unterstützen und gemeinsame Kontrollen erleichtern. Drittens soll sie bei grenzüberschreitenden Streitigkeiten zwischen nationalen Behörden oder bei Störungen des Arbeitsmarkts vermitteln und Lösungen finden. Am 14. Februar 2019 erzielten das Europäische Parlament, der Rat und die Europäische Kommission im Trilog eine Einigung.

Überarbeitung der Koordinierung der Systeme der sozialen Sicherheit

Am 2. Dezember 2016 schlug die Kommission vor, die Verordnung (EG) Nr. 883/2004 über die Koordinierung der Systeme der sozialen Sicherheit [KOM(2016)815 endg.] sowie die Verordnung (EG) Nr. 987/2009 zur Festlegung der Modalitäten zu ihrer Durchführung zu überarbeiten. Der Vorschlag beinhaltet u. a. eine Verlängerung des Exports von Arbeitslosenleistungen von drei auf sechs Monate, Verbesserungen für Grenzgänger, die Einbeziehung von Pflegeleistungen in die soziale Koordinierung, neue Regelungen zu Sozialleistungen für nicht erwerbstätige EU-Bürger sowie Verwaltungsvorschriften zur Koordinierung der Systeme der sozialen Sicherheit. Diese Vorschläge sollen verstärkt dazu beitragen, sicherzustellen, dass Arbeitnehmer, die ihr Recht auf Freizügigkeit wahrnehmen, nicht ihre Ansprüche im Bereich der sozialen Sicherheit verlieren. Nachdem sich die verschiedenen europäischen Gremien zu dem Vorschlag positioniert haben, läuft seit November 2018 der sogenannte Trilog, bei dem sich Vertreter der EU-Kommission, des Europäischen Rates und des Europaparlamentes auf ein endgültiges Dokument einigen. Es finden immer wieder Verhandlungsrunden statt. Aufgrund der Komplexität des Dossiers rechnete man aber in den verschiedenen involvierten Kreisen nicht mit einem Abschluss vor den Europawahlen.

Verhandlungen über MFR 2021-2027, u.a. ESF+

Darüber hinaus ist aus dem Bereich Arbeit und Soziales auch auf den neuen Mehrjährigen Finanzrahmen (MFR) von 2021-2027 hinzuweisen, der derzeit verhandelt wird. Parallel wird eine neue Dachverordnung zum Europäischen Sozialfonds abgeschlossen. Nun wird es in Zukunft den ESF+ geben und darin verschmelzen der Europäische Sozialfonds (ESF) und die Beschäftigungsinitiative für junge Menschen, der Europäische Hilfsfonds für die am stärksten benachteiligten Personen (EHAP), das EU-Programm für Beschäftigung und soziale Innovation (EaSI) und das EU-Gesundheitsprogramm. Der Trilog wird vermutlich in der zweiten Jahreshälfte 2019 beginnen können. Wichtig für die Wirksamkeit des ESF+ wird aber sein finanzielles Volumen sein. Hierbei

ISÖ
Institut für
Sozialökologie

sind die Verhandlungen zum EU-Haushalt (MFR) der zentrale Prozess, der bei seiner Vorlage im Mai 2018 noch vor den Europawahlen 2019 abgeschlossen werden sollte. Dies war nicht mehr haltbar. Zu komplex ist das Spielfeld aus Prioritätensetzung, weniger Einnahmen durch den Brexit, der Bedeutung und Umsetzung europäischer Werte und wirtschaftlicher Interessen.

2.3   Sozialpolitische Initiativen darüber hinaus

Nächste Schritte

Um das soziale Europa zu stärken sind weitere Maßnahmen notwendig. Die EU 2020-Strategie endet, wie der Name schon sagt, 2020. Deswegen sollte jetzt darüber diskutiert werden, wie es danach weitergeht. Eine Möglichkeit wäre die Agenda 2030, also die Sustainable Development Goals (SDG) der Vereinten Nationen zu europäisieren und zu den Zielen der EU zu erklären. Sozialpolitisch hieße das z.B. die Halbierung der Armut nach der Definition der Europäischen Union bis 2030 (SDG 1.2.) oder ein überdurchschnittliches Einkommenswachstum für die 40% Personen mit den geringsten Einkommen (SDG 10.1.), um die Ungleichheit in der EU zu verringern.

Ein wichtiges sozialpolitisches Ziel der EU war und ist die Verringerung von Armut. Um dieses Ziel zu erreichen, braucht es eine gemeinsame Strategie, die bisher gefehlt hat. Ein wichtiges Mittel dafür wäre, wenn sich die EU darauf einigen könnte, dass es in allen Mitgliedstaaten eine Grundsicherung gibt und mittels einer Mindesteinkommens-Richtlinie Mindeststandards für die nationalen Grundsicherungssysteme festgelegt würden. In ähnlicher Weise könnte und sollte es EU-Mindeststandards für Mindestlöhne oder auch für die Arbeitslosenversicherung, sowie für Gesundheits- und Pflegeleistungen oder die Rente geben. Die konkrete Umsetzung wäre den einzelnen Mitgliedstaaten überlassen. Somit wäre auch die Subsidiarität gewahrt.

Sozialpolitische Maßnahmen werden auch im Rahmen der Debatte um die Vertiefung der sozialen Dimension der Wirtschafts- und Währungsunion diskutiert. Dahinter

steckt die Erkenntnis, dass eine Wirtschafts- und Währungsunion auch eine gemeinsame Sozialpolitik braucht, um Unterschiede und makroökonomische Ungleichgewichte zwischen den Mitgliedstaaten auszugleichen. Außerdem wirken soziale Sicherungssysteme als automatische Stabilisatoren in ökomischen Krisen. In diesem Zusammenhang wird in Politik und Wissenschaft insbesondere über die Einführung einer Rückversicherung für die Arbeitslosenversicherungen diskutiert, wie sie zum Beispiel in den USA existiert.

Mittel- bis langfristige Perspektiven

Sowohl aus sozialpolitischer wie auch ökonomischer Sicht sollten Mindeststandards oder auch eine Rückversicherung für die Arbeitslosenversicherungen nur erste Schritte sein. Mittelfristig sollte es auch Schritte zu grenzüberschreitenden sozialen Sicherungssystemen geben, zum Beispiel in Form einer echten Europäischen Basis-Arbeitslosenversicherung, bei der die Leistungen für eine begrenzte Zeit in begrenzter Höhe direkt von einer EU-Institution gezahlt werden. Diese Leistungen sollten dann sowohl bezüglich Höhe als auch bezüglich der Zahlungsdauer durch nationale Leistungen ergänzt werden, deswegen *Basis*-Arbeitslosenversicherung. Dafür ist allerdings eine Änderung der Europäischen Verträge notwendig. Dafür spricht aber, dass neben den positiven sozialpolitischen und ökonomischen Effekten Sozialleistungen der EU auch dazu führen könnten, dass sich die Einstellung zur EU zum Positiven ändert, wenn Menschen finanzielle Leistungen von der EU erhalten. Für die Einführung einer Basis-Arbeitslosenversicherung müssten zudem eine ganze Reihe technischer Fragen geklärt werden, u.a. wäre eine Festlegung von Mindeststandards für die Arbeitslosenversicherungssysteme in den Mitgliedstaaten notwendig.

Einfacher wäre da der Vorschlag für ein Basis-Kindergeld, das allen Kindern in der Europäischen Union in gleicher Höhe zustehen würde. Auch ein solches Basis-Kindergeld sollte mit Mindeststandards für eine ergänzende nationale Absicherung der Kinder einhergehen. Gleichzeitig würde ein europäisches Basiskindergeld vor allem den ärmeren Mitgliedstaaten erst ermöglichen, diese Mindeststandards auch zu erreichen. Dadurch hätte ein Basis-Kindergeld gerade in den ärmeren Mitgliedstaaten eine effektive Wirkung gegen Kinderarmut. Gleichzeitig würde verdeutlicht, dass für die Mindestabsicherung von Kindern sowohl die einzelnen Staaten als auch die Europäische Union als Ganzes verantwortlich ist. Zudem könnte durch ein EU-Basis-Kindergeld, das an alle Kinder ausgezahlt wird, die Europäische Identität und das Gemeinschaftsgefühl gestärkt werden.

Noch einen Schritt weiter geht die Idee einer Euro-Dividende. Kerngedanke ist, dass ein Teil des Mehrwerts, der durch die EU als Wirtschaftsgemeinschaft entsteht, als Dividende an die Bürgerinnen und Bürger in der EU verteilt werden sollten. Diese Euro-Dividende soll wie beim Basis-Kindergeld eine direkte Geldzahlung sein, die für alle in gleicher Höhe erfolgen soll.

3 Soziales Europa 2030/2045. Diskussionsbeitrag des Thüringer Ministeriums für Arbeit, Soziales, Gesundheit, Frauen und Familie (TMASGFF)

Christine Kirschbaum

Im Workshop sollten die fünf Szenarien des Weißbuchs zur Zukunft Europas und ihre Bedeutung für die soziale Dimension der EU beleuchtet werden. Das Thüringer Ministerium für Arbeit, Soziales, Gesundheit, Frauen und Familie (TMASGFF) hat hierzu vorbereitend die Befassung mit nachfolgenden Thesen, Vorschlägen und Fragen vorgeschlagen:[7]

3.1 Maßnahmen auf Grundlage der gegenwärtigen Rechtslage

Die Kommission stellt im Reflexionspapier zur sozialen Dimension Europas fest, dass in der Vergangenheit die Angleichung der Lebensstandards auf einem höheren Niveau *„fast automatisch durch den Binnenmarkt und die Unterstützung aus EU-Fonds"* erfolgte. In den letzten Jahren habe sich die Konvergenz jedoch erheblich verlangsamt.

Wo besteht auf Basis der bestehenden Verträge konkret weiteres Potential, sozialintegrativ weiter voranzukommen?

---

[7] Workshop „Soziales Europa 2030/2045 - Zukunftsszenarien für die EU-Sozialpolitik" - Diskussionsbeitrag des TMASGFF, Stand 31.01.2019 - Non-paper: Thesen, Vorschläge und Fragen - Zwischenstand der ggw. Überlegungen – Änderungen vorbehalten - ***Vorausgeschickt wird, dass nachfolgende Ausführungen einen Input für eine kontroverse Debatte darstellen sollen und in keiner Weise eine politisch abgestimmte Meinung innerhalb des TMASGFF widerspiegeln!***

Auch andere Stimmen verweisen darauf, dass das Potential des Primärrechts (Art. 3 Abs. 3 EUV, Art. 8-10 AEUV, Art. 26-34 GRC, Art. 4 Abs. 2 i.V.m. 151ff. AEUV, Art. 5 Abs. 3 i.V.m. 156 AEUV, Art. 5 Abs. 2 i.V.m. 145ff. AEUV, Art. 157, 162ff. AEUV) nicht analog der Wirtschafts- und Währungspolitik ausgeschöpft bzw. durch intergouvernementale Vereinbarungen entsprechend dem Fiskalpakt erweitert werde.

Wären entsprechende (intergouvernementale) Vereinbarungen im Bereich Soziales („Sozialpakt") eine realistische Handlungsoption? Welche Ausformungen sind dabei denkbar?

Könnte ein wie folgt abgestuftes Stufenmodell sinnvoll sein?

- Vertragsänderung
- Sozialpakt in verschiedenen möglichen Ausformungen:
  - Gruppe von Mitgliedstaaten (MS) im Wege verstärkter Zusammenarbeit Art. 329 AEUV
  - Nur Euro-Gruppe Art. 136 AEUV – die ESSR ist zunächst auch nur für die Euro-Gruppe konzipiert
  - Völkerrechtlicher Vertrag analog Fiskalpakt
  - Neue EU-Strategie 2030 zur weiteren Ausgestaltung des Europäischen Wirtschafts- und Sozialmodells incl. Monitoring der Umsetzung der ESSR und der UN-Agenda 2030 für nachhaltige Entwicklung
  - OMK

Für die Ziele gilt es nach ihrer Gewichtung politisch zu kämpfen; im Kompromiss kann man sich auf „mildere" Mittel verständigen und in jedem Fall auf Ebene der OMK weiterarbeiten.

Überzeugt die These, dass gerade in der schwach entwickelten Rechtsetzungsmacht der EU im Bereich der Systeme des sozialen Schutzes der eigentliche Grund für ihre

politische Stärke liegt und dass ihre thematische Spannbreite gerade bzw. nur durch ihren geringen Grad an Verbindlichkeit möglich wird? (Eberhard Eichenhofer[8])

Der Wirkungsgrad der OMK-Soziales dürfe nicht unterschätzt werden. Nach dieser Auffassung wird die OMK-Soziales in einem System der einvernehmlichen Modernisierung des sozialen Schutzes auf mittlere Sicht zu einer Harmonisierung zumindest von Teilgebieten der Sozialpolitik (Arbeits- und Sozialrecht, Gesundheitsschutz) gelangen. Die MS sind dabei zwar weiterhin für Verwaltung und Finanzierung ihrer Systeme der sozialen Sicherheit zuständig. Jedoch wird die Programmatik sozialer Sicherheit zunehmend in geteilter Verantwortung von EU und MS bestimmt. Die EU-Sozialpolitik wird in diesem Wege quasi in die Strukturen und Systeme der MS eingebettet. Damit schreitet die Anpassung an EU-weit faktisch geltende Standards zwar nicht de jure, aber de facto voran. Die Sozialleistungssysteme der MS werden transparent und zum Gegenstand systematischen internationalen Vergleichs. Die OMK ist quasi „Forschungslabor" für neue und bessere Regelungen (Stiftung Marktwirtschaft[9]).

Andererseits stellt sich die Durchsetzungsmacht der OMK-Soziales seit 20 Jahren als nicht durchschlagend dar, gerade auch in der Umsetzung der EU-2020-Strategie. Im Bereich der Armutsbekämpfung hat die Strategie ihr Ziel, die Zahl der von Armut Betroffenen um 20 Mio. zu senken nicht ansatzweise erreicht, die Zahl ist um 1,7 Mio. gestiegen. Zu diskutieren wäre, welchen Anteil hieran eine Schwäche der OMK, die Krise und ihre Regulierung bzw. die Strukturschwächen der betroffenen Mitgliedstaaten tragen.

Die Kommission will das Europäische Semester noch mit einer Initiative in 2019 „weiter ausbauen und in den Mittelpunkt stellen"[10]. Ggf. könnte durch einen Ausbau der Förderanreize (z.B. Reformhilfeprogramm) die Umsetzung der Empfehlungen aus der OMK-Soziales nachhaltig gestärkt werden.

---

[8] Sozialrecht der Europäischen Union, S. 333ff.

[9] Stellungnahme für die Öffentliche Anhörung des Ausschusses für die Angelegenheiten der Europäischen Union des Deutschen Bundestages am 21.06.2017 zum Reflexionspapier zur sozialen Dimension Europas (COM 2017) 206 final, S. 3.

[10] Arbeitsprogramm 2019 der Kommission (COM 2018) 800 final, S. 7.

Würde einem solchen Vorgehen - (intergouvernementale) Vereinbarungen im Bereich Soziales („Sozialpakt") - das damit verbundene Demokratiedefizit entgegenstehen, das vielfach beklagt wird?

Den Fiskalpakt hat der Bundestag bspw. ratifiziert, Änderungen am paraphierten Vertragstext waren nicht zulässig (§ 82 Abs. 2 GOBT).

Zurecht wird vielfach wird die Wichtigkeit der weiterhin engen Zusammenarbeit zwischen <u>allen</u> MS betont:

Ist ein Europa der mehreren Geschwindigkeiten dennoch die Alternative zu einem Europa der Tatenlosigkeit und das gemeinsame Handeln vieler Staaten immer noch besser als das gemeinschaftliche Nichtstun aller Staaten (nach Eberhard Eichenhofer, a.a.O.)?

Damit die Binnenmarktvorschriften mit den wirtschaftlichen und gesellschaftlichen Entwicklungen Schritt halten können, will die KOM noch eine Initiative zur Ermöglichung effizienterer Entscheidungsprozesse <u>in Schlüsselbereichen der Steuer- und der Sozialpolitik</u> vorstellen, die in <u>Abkehr vom Einstimmigkeitsprinzip</u> auf einen zunehmenden Einsatz der Beschlussfassung mit qualifizierter Mehrheit abzielt[11]. Im Ergebnis würde dies einen <u>Verzicht der MS auf ihr jeweiliges Vetorecht</u> bedeuten. Dies müsste der Rat einstimmig beschließen. Nach dem Integrationsverantwortungsgesetz müssten Bundestag – und ggf. der Bundesrat – vorab zustimmen.

Wie sind die Erfolgsaussichten einzuschätzen, hier zu einem einstimmigen Beschluss der MS zu kommen?

Eine Ausweitung der Zuständigkeiten der EU im vereinfachten Änderungsverfahren oder unter Anwendung der allgemeinen oder einer speziellen Brückenklausel ist ausdrücklich ausgeschlossen. Zudem könnte ggf. die spezielle Brückenklausel des Art.

---

[11] Arbeitsprogramm 2019 der Kommission (COM 2018) 800 final, S. 12.

153 Abs. 2 UA 4 die Anwendung der allgemeinen Brückenklausel darüber hinaus ausschließen.

Welche Anwendungsbereiche eröffnen sich für die EU-Sozialpolitik? Brächte uns das im Erfolgsfall überhaupt substantiell weiter?

Die Europapolitische Strategie des Freistaats Thüringen 2.0 beschreibt als Thüringer Ziele, um die soziale Dimension der EU zu stärken u.a. einen gemeinsamen angemessenen Mindestlohnstandard sowie die verstärkte Festlegung ambitionierter gemeinsamer Mindeststandards im Bereich der sozialen Grundsicherung zur Sicherung eines angemessenen Lebensstandards in jedem Lebensabschnitt bei gleichzeitiger Anreizfunktion zur Teilnahme am Arbeitsmarkt. Dies dürfe allerdings nicht zu Standardabsenkungen auf nationaler Ebene führen (S. 10).

Wie ist die Einführung eines europäischen Rahmens für Mindestlohnregelungen über der Armutsschwelle (bei Beschäftigung in Vollzeit Gehalt über der Armutsgrenze) erreichbar?

Gemäß Art. 153 Abs. 5 AEUV verfügt die EU über keinerlei Zuständigkeiten im Bereich des Arbeitsentgelts. Die Einführung eines gemeinschaftlichen Mindestlohns, mit der das Gemeinschaftsrecht unmittelbar in die Festsetzung der Arbeitsentgelte in der EU eingreift, ist dem EuGH zufolge unzulässig, da eine solche Einebnung einen tiefen Eingriff in den Wettbewerb zwischen den auf dem Binnenmarkt tätigen Unternehmen darstellen würde. Auch Art. 28 Charta der Grundrechte der EU (GRC) „Recht auf Kollektivverhandlungen und Kollektivmaßnahmen" ist zu berücksichtigen. Selbst eine Empfehlung der KOM zu Standards für ein Mindestlohnniveau dürfte mangels Rechtsgrundlage unzulässig sein.

Ist dann wenigstens eine Koordinierung im Rahmen der OMK möglich?

Eine Koordinierung nach <u>Art. 156 AEUV</u> ist zumindest strittig, da es sich um einen „unter dieses Kapitel fallenden Bereich der Sozialpolitik" handeln müsste[12]. Selbst wenn, könnte die KOM nur Initiativen starten, die auf die Festlegung von Leitlinien und Indikatoren „abzielen". Strittig ist bereits die Verpflichtung der MS zur Teilnahme am Koordinierungsverfahren incl. Berichtspflichten. Überwachungsmaßnahmen wären hiervon jedenfalls nicht umfasst.

Gemäß <u>Art. 148 AEUV</u> koordiniert die Union die Beschäftigungsstrategien zu einer unionsweiten Gesamtstrategie. Die beschäftigungspolitischen Leitlinien betreffen teilweise auch Maßgaben zur Lohnpolitik bzw. Tarifpolitik und zur Lohnentwicklung. Auf Grundlage entsprechender Leitlinien könnten im Rahmen des Europäischen Semesters (ES) lohnpolitische Auflagen gemacht bzw. Empfehlungen zur Entwicklung der nationalen Mindestlöhne gegeben werden. Diese Leitlinien sind zwar verbindlich (die Mitgliedstaaten „berücksichtigen" diese), aber bislang waren sie im Bereich Lohn- und Tarifpolitik aufgrund der Heterogenität der mitgliedstaatlichen Mindestlohnniveaus und Mindestlohnregime und des Rechts auf Tarifautonomie nach Art. 28 GRC nur vage formuliert und boten kein allgemeinverbindliches Lösungsmodell[13].

Erst jüngst stellte zudem die ESSR klar, dass *„alle Löhne und Gehälter (..) gemäß den nationalen Verfahren und unter Wahrung der Tarifautonomie auf transparente und verlässliche Weise festgelegt"* werden (Zf. 6c).

Zwar forderte der DGB im Mai 2017 *„eine Rahmenrichtlinie zur Festlegung von Mindestbedingungen für Mindestlöhne in Europa und für ein europäisches Mindesteinkommen"*[14]. Jedoch konnten die europäischen Gewerkschaften im Tarifausschuss des EGB bis jetzt keine einheitliche Position hierzu finden. Die Heterogenität der nationalen

---

[12] Art. 153 Abs. 5 AEUV nimmt das Arbeitsentgelt ausdrücklich vom Regelungsumfang aus. Art. 151 AEUV i.V.m. Art. 4 der Europäischen Sozialcharta des Europarates (ESC) von 1961 stellt auch keine Rechtsgrundlage dar, da die ESC weder direkt anwendbar noch Bestandteil des Unionsrechts ist und auch nicht den Anwendungsbereich des Unionsrechts eröffnet. Es handelt sich um eine bloße Auslegungshilfe (Schwarze, EU-Kommentar, Art. 151 RN 12 m.w.N.).

[13] Schwarze, EU-Kommentar, Art. 148 RN 30 m.w.N.

[14] Auf nationaler Ebene erklärt der DGB: „Der Mindestlohn ist nur eine sichernde Untergrenze, darüber kann sich die Tarifautonomie frei entfalten".

Tarifsysteme sowie die unterschiedlichen Auffassungen davon, inwiefern eine gesetzliche Lohnuntergrenze mit der legitimen Vertretungsrolle in der Tarifpolitik vereinbar ist, bilden nach wie vor ein unüberwindbares Hindernis. Während die osteuropäischen Vertreter die Idee eines europäischen Mindestlohns gutheißen, sprachen sich die schwedischen und italienischen Kollegen von Anfang an vehement dagegen aus. Diese Diskrepanz erklärt sich aus den tariflichen Deckungsraten von etwa 25 bis 30% in Polen bzw. Ungarn und 88% in Schweden; der Organisationsgrad betrug in den beiden osteuropäischen Ländern lediglich 12% gegenüber 70% in Schweden.[15]

Das Recht auf Tarifautonomie nach Art. 28 GRC wäre auch im Zusammenhang mit einer möglichen Vertragsänderung maßgeblich zu berücksichtigen.

Können also nur die Europäischen Sozialpartner weiterhelfen mit einer Rahmenvereinbarung zur Festlegung von Mindestbedingungen für Mindestlöhne in Europa, die in keinem sektoralen Tarifvertrag mehr unterschritten werden darf? Wie kann die Politik dies befördern?

Wie ist ein Rahmen für Mindeststandards für nationale Grundsicherungssysteme, der ein angemessenes Niveau des Sozialschutzes im gesamten Lebensverlauf gewährleistet (Mindesteinkommen) erreichbar, und zwar ohne nur auf Arbeitnehmer bezogen zu sein?

Eine Richtlinie zu Mindestvorschriften nach Art. 153 Abs. 1 c) i.V.m. Abs. 2 UA 1 b) AEUV kommt jedoch gemäß Rechtsgutachten[16] von Prof. Kingreen für das BMAS vom September 2017 lediglich für Arbeitnehmer in einem sozialversicherungsrechtlichen Sinne in Betracht, d.h. für Deutschland für alle Bezieher von ALG II sowie von Leistungen der Grundsicherung im Alter und bei Erwerbsminderung. Nicht einbezogen werden könnten hingegen die Empfänger von allgemeinen Leistungen zum Lebensunterhalt

---

[15] Martin Seeliger, Europäischer Mindestlohn als Arbeitnehmerinteresse? Probleme gewerkschaftlicher Positionsbildung, in: Aus Politik und Zeitgeschichte, 4-5, 2015

[16] BMAS Forschungsbericht 491: Ein verbindlicher EU-Rechtsrahmen für soziale Grundsicherungssysteme in den Mitgliedstaaten – Rechtsgutachten – September 2017.

nach SGB XII, da sich Art. 153 Abs. 1 c) nur auf die soziale Sicherheit und den sozialen Schutz der Arbeitnehmer (wie ESC 1961) bezieht. Die Richtlinie wäre vom Rat einstimmig zu beschließen. Es gelten die Einschränkung des Art. 153 Abs. 4 AEUV hinsichtlich der Grundprinzipien und dem finanziellen Gleichgewicht.

Jedoch unterstützt und ergänzt die Union die MS gemäß Art. 153 Abs. 2 k) AEUV auf dem Gebiet der Modernisierung der Systeme des sozialen Schutzes (unbeschadet lit. c). Dies geschieht im Wege der Koordinierung nach Abs. 2 a) und umfasst sämtliche staatlichen Institutionen und Instrumente des sozialen und gesundheitlichen Schutzes. Die Einschränkung des Art. 153 Abs. 4 hinsichtlich der Grundprinzipien und dem finanziellen Gleichgewicht gilt insoweit nicht, da keine Harmonisierung stattfindet. (Zur OMK siehe den Beitrag von Strengmann-Kuhn in diesem Band.)

Auch dem BVerfG[17] zufolge ist die EU-weite Koordinierung sozialpolitisch wesentlicher Entscheidungen, namentlich die Existenzsicherung des Einzelnen, bis hin zur allmählichen Angleichung nicht ausgeschlossen.

Ist also eine solche Richtlinie, nur bezogen auf Arbeitnehmer in einem sozialversicherungs-rechtlichen Sinne und ergänzt um Maßnahmen der OMK für den Bereich der Grundsicherung anzustreben?

Ist der von BM Scholz ins Gespräch gebrachte „Rückversicherungsfonds für die europäischen Arbeitslosenversicherungen im Rahmen einer Eurozonen Finanzfaszilität ergänzend zum Eurozonen-Budget" geeignet, zu einer Vertiefung der sozialen Dimension Europas im Sinne einer gemeinsamen sozialen Aufwärtskonvergenz im Hinblick auf die EU-Sozialpolitik beizutragen?

Das Modell sieht eine Rückversicherung der nationalen Versicherungssysteme durch einen europäischen Fonds vor. Die nationalen Systeme würden vollständig bestehen bleiben, Arbeitslose würden also weiterhin Transfers daraus erhalten, die dann von der

---

17 Urteil vom 30. Juni 2009, BVerfGE 123, S. 267ff. RN 259.

europäischen Versicherung rückversichert würden. Außerdem würde die europäische Rückversicherung nur in großen Wirtschaftskrisen in Form von rückzahlbaren Krediten aktiviert, etwa dann, wenn die Arbeitslosenquote um über 2% anstiege.

„Es geht also nicht um Transferzahlungen (..). Es geht ja um Kredite. Und um ein wichtiges Signal: Wenn es darauf ankommt, ist Europa für seine Bürgerinnen und Bürger da." (BM Scholz am 28.11.2018[18]).

Der „Arbeitslosen-Stabilisierungsfonds" soll zwar ausdrücklich der Stabilisierung der Eurozone dienen. Jedoch sind solide Staatsfinanzen Element einer präventiven Sozialpolitik und durch die vorab geforderte Angleichung der Arbeitsmarktpolitiken und geforderte Strukturreformen der teilnehmenden Mitgliedstaaten könnte er einen wichtigen Impuls zur sozialen Aufwärtskonvergenz mit sich bringen. Das sind genau solche Anreizeffekte, die oben zur OMK als förderlich bzw. notwendig dargestellt wurden. Wenn jedoch restriktive Mindestversicherungszeiten sichern sollen, dass permanente Transfers begrenzt bleiben (Langzeitarbeitslose, Jugendliche, saisonale Arbeitslosigkeit ggf. nicht umfasst), was vielfach gefordert wird, bliebe der mit Europa positiv verknüpfte Effekt ggf. begrenzt.

3.2 Mögliche Inhalte und Voraussetzungen für eine Anpassung der Verträge

Ist eine Vertragsänderung, die der EU die Zuständigkeit für einen europäischen Rahmen für Mindestlohnregelungen über der Armutsschwelle eröffnet im Hinblick auf die Tarifautonomie nach Art. 28 GRC und die Stellung der Sozialpartner auf Unionsebene überhaupt anzustreben?

Wie könnte sie ausgestaltet sein?

---

[18] Anlässlich seiner Europa-Rede vor der Humboldt-Universität, Berlin: https://www.bundesfinanzministerium.de/Content/DE/Reden/2018/2018-11-28-Europarede-HU-Berlin.html.

Unter welchen Bedingungen und Maßgaben wäre eine Vertragsänderung, die der EU insbesondere Zuständigkeiten auf dem Gebiet der Modernisierung der Systeme der sozialen Sicherheit einräumt bzw. ein entsprechender Sozialpakt in seinen rechtlich verbindlichen Ausformungen gemäß Rspr. des BVerfG mit dem GG vereinbar?

Nach <u>BVerfGE 123, 267 (RN 251, 259)</u>[19] gilt: Die sozialpolitisch wesentlichen Entscheidungen müssen auch künftig in eigener Verantwortung der deutschen Gesetzgebungsorgane getroffen werden. Namentlich die Existenzsicherung des Einzelnen, eine nicht nur im Sozialstaatsprinzip, sondern auch in Art. 1 Abs. 1 GG gegründete Staatsaufgabe, muss weiterhin primäre Aufgabe der Mitgliedstaaten bleiben. In diesen Bereichen bietet es sich in besonderem Maße an, die Grenzlinie dort zu ziehen, wo die Koordinierung grenzüberschreitender Sachverhalte <u>sachlich notwendig</u> ist.

Ein gewisser Auslegungsspielraum dürfte bestehen: Fiskalpakt und ESM etwa hat das BVerfG[20] passieren lassen, da die Wirtschaftspolitik hierdurch nicht irreversibel festgelegt werde und die Budgethoheit des Bundestags (trotz eines Verpflichtungsrahmens von bis zu max. 190 Mrd. €) gewahrt bleibe.

Welche Szenarien sind denkbar, die eine entsprechende sachliche Notwendigkeit begründen könnten?

S. auch Abschnitt 3.3: „Defizitanalyse".

Sollte die ESSR wie die GRC zum Vertragsbestandteil avancieren?

Da die Grundsätze und Rechte zwar teilweise der Umsetzung der GRC dienen[21], jedoch auch über diese hinausgehen, könnte ggf. eine Umsetzung in einem Vertragsartikel

---

[19] Vgl. Fn. 13.

[20] Urteil vom 18.03.2014, BVerfGE 135, S. 317ff.

[21] Bericht über die Anwendung der Charta der Grundrechte der Europäischen Union 2016 (COM 2017) 239 final, S.3

erfolgen (ggf. auch im Zusammenhang mit einer sozialen Fortschrittsklausel s. so-
gleich), in dem sich KOM und MS analog der ESC[22] verpflichten, die Grundsätze und
Rechte umzusetzen (ESSR z.B. als Protokoll dem AEUV beifügen).

**Nach wie vor wird eine Vertragsergänzung um eine soziale Fortschrittsklausel/-pro-
tokoll benötigt**

Ein soziales Europa beschränkt sich nicht auf eine soziale Ausgestaltung des Binnenmarkts (Art. 3 Abs. 3 EUV), sondern muss auch eigenständiges Politikfeld sein. Dauer-
hafter wirtschaftlicher Erfolg beruht auf effektiver, effizienter Sozialpolitik. Eine Kon-
stitutionalität des sozialen Europas ist wichtig und muss von breitem politischen Willen getragen sein. Im Binnenmarkt haben Grundfreiheiten und Wettbewerbsprinzip höheren Stellenwert als soziale Grundrechte und sozialer Fortschritt. So hatte das
BVerfG[23] festgestellt, dass die Rechtsprechung des EuGH auch Anlass für die Kritik an
einer „einseitigen Marktorientierung" der EU gab (a.a.O. RN 398).

Die Bundesregierung sieht nach wie vor die Harmonisierung sozialer Bedingungen lediglich als Resultat und Folge eines effektiven Funktionierens des Binnenmarktes an,
nicht als dessen Voraussetzung oder gleichwertiges Ziel (ganz anders Frankreich - zuletzt zeigte sich dies an den verschiedenen Entwurfsfassungen zum neuen Elysée-Ver-
trag/„Aachener Vertrag"). Spätestens seit dem Vertrag von Lissabon ist aber die An-
hebung sozialer Standards und die Angleichung sozialer Bedingungen nicht mehr nur
Resultat und Folge eines funktionierenden Binnenmarkts, sondern selbständig anzu-
strebendes Ziel. So ist seitdem die Charta der Grundrechte der EU (GRC) dem Primärrecht gleichgestellt. Das bis dato angestrebte Ziel des „freien und unverfälschten Wett-
bewerbs" wurde durch das Ziel einer „in hohem Maße wettbewerbsfähige(n) soziale(n)
Marktwirtschaft" ersetzt. Nicht zuletzt die ESSR soll deutlich machen, dass Sozialpoli-

---

[22] Vgl. Fn. 10, 24.

[23] Vgl. Fn. 13.

tik aus eigenem Recht Säule der EU-Politik ist und gleichzeitig den Begriff des „Europäischen Sozialmodells" ausfüllen. Es ist klarzustellen, dass den sozialen Rechten grundsätzlich derselbe Stellenwert einzuräumen ist, wie den wirtschaftlichen Grundfreiheiten und dass Kollisionen im Wege der praktischen Konkordanz zu lösen sind.

3.3 Mehrheitsfähige Defizitanalyse des Status Quo als Ausgangspunkt für eine Vertragsanpassung

Die Bereitschaft zur Durchführung eines komplexen, langwierigen, unwägbaren Prozesses steigt, wenn Reformvorschläge aus <u>mehrheitsfähigen Defizitanalysen des Status Quo</u> abgeleitet werden (Andreas Maurer[24]).

Gleichzeitig ist eine entsprechende Defizitanalyse, wie dargestellt, auch Zulässigkeitsvoraussetzung für etwaige Kompetenzübertragungen auf die EU im Bereich sozialpolitisch wesentlicher Entscheidungen.

Eine **Defizitanalyse** könnte u.a. aus dem Grundrechtsschutz in der EU abzuleiten sein.

Dieser beruht nach dem Vertrag von Lissabon auf zwei Grundlagen: der Charta der Grundrechte der Europäischen Union (GRC), die den Verträgen rechtlich gleichgestellt wird (Art. 6 Abs. 1 Satz 1 EUV) und dadurch Rechtsverbindlichkeit erlangt, ohne jedoch die Zuständigkeiten der EU zu erweitern, sowie den ungeschriebenen Unionsgrundrechten, die daneben als allgemeine Rechtsgrundsätze des Unionsrechts fortgelten (Art. 6 Abs. 3 EUV) sowie Art. 6 Abs. 2 EUV, der die EU ermächtigt und verpflichtet, der EMRK beizutreten.

<u>Mehrheitsfähige Defizitanalyse des Status Quo im Bereich Mindestlöhne?</u>

Die Charta der Grundrechte der EU (GRC) schweigt sich dazu aus. Damit ist kein Grundrechtsschutz gegeben.

---

24 Parlamentarisches Regieren in der Euro-Zone, in: Ulrich von Alemann et al. (Hrsg.) 2015 „Ein soziales Europa ist möglich", S. 311ff. (321).

Neben Maßgaben der UN-Menschenrechtscharta und der ILO-Konvention Nr. 131 seien folgende europäische Regelungen benannt:

Gemäß Art. 151 S. 1 AEUV i.V.m. Artikel 4 der Europäischen Sozialcharta (ESC) des Europarats von 1961[25] haben sich die Vertragsparteien verpflichtet, *„das Recht der Arbeitnehmer auf ein Arbeitsentgelt anzuerkennen, welches ausreicht, um ihnen und ihren Familien einen angemessenen Lebensstandard zu sichern."*

Gemäß Art. 151 S. 1 AEUV i.V.m. der Gemeinschaftscharta der sozialen Grundrechte der Arbeitnehmer: Diese regelt zwar das Recht auf ein *„gerechtes Arbeitsentgelt"*. Die Bestimmungen der Charta wurden jedoch in den Vertrag von Lissabon (Artikel 151ff. AEUV) und in die Charta der Grundrechte der EU (offensichtlich nur teilweise) übernommen. Die Charta hat nunmehr die gleiche Rechtsqualität wie die ESC.

Die ESSR legt in 6 b) nieder: *„Es werden angemessene Mindestlöhne gewährleistet, die vor dem Hintergrund der nationalen wirtschaftlichen und sozialen Bedingungen den Bedürfnissen der Arbeitnehmerinnen und Arbeitnehmer und ihrer Familien gerecht werden; dabei werden der Zugang zu Beschäftigung und die Motivation, sich Arbeit zu suchen, gewahrt. Armut trotz Erwerbstätigkeit ist zu verhindern."*

Fraglich ist, ob ein Verstoß gegen die genannten Regelungen ohne Grundrechtsbetroffenheit bereits ein hinreichendes Defizit im Sinne eines gesamteuropäischen Handlungsbedarfs ergibt.

Mehrheitsfähige Defizitanalyse des Status Quo im Bereich Grundsicherungssysteme?

In Artikel 24 GRC ist niedergelegt: *„Kinder haben Anspruch auf den Schutz und die Fürsorge, die <u>für ihr Wohlergehen notwendig</u> sind."*

---

[25] Art. 151 S. 1 AEUV verweist auf die ESC von 1961, welche von allen MS ratifiziert wurde. Sie ist jedoch nicht unmittelbar anwendbar, kein Bestandteil des Unionsrechts und eröffnet auch nicht den Anwendungsbereich des Unionsrechts; es handelt sich um eine bloße Auslegungshilfe. Kontrollverfahren nach dem Berichtssystem und ggf. Kollektivbeschwerde. Die revidierte Fassung von 1998 mit Ergänzung um das Recht auf Schutz gegen Armut und soziale Ausgrenzung sowie das Recht auf Wohnung wurde noch nicht von allen MS ratifiziert (D auch nicht).

ISÖ
Institut für
Sozialökologie

Art. 34 Abs. 3 GRC deklariert, um die soziale Ausgrenzung und die Armut zu bekämpfen, ein *„Recht auf eine soziale Unterstützung und eine Unterstützung für die Wohnung, die allen, die nicht über ausreichende Mittel verfügen, ein menschenwürdiges Dasein sicherstellen sollen,* nach Maßgabe des Unionsrechts und der einzelstaatlichen Rechtsvorschriften und Gepflogenheiten.".*

Damit ist grundsätzlich ein Grundrechtsschutz gegeben. Darüber hinaus u.a.:

Ziffer 11 b der ESSR zufolge haben *„Kinder (..) das Recht auf Schutz vor Armut. Kinder aus benachteiligten Verhältnissen haben das Recht auf besondere Maßnahmen zur Förderung der Chancengleichheit."*

Ziffer 14 der ESSR zufolge hat *„jede Person, die nicht über ausreichende Mittel verfügt, (..) in jedem Lebensabschnitt das Recht auf angemessene Mindesteinkommensleistungen, die ein würdevolles Leben ermöglichen, und einen wirksamen Zugang zu dafür erforderlichen Gütern und Dienstleistungen. Für diejenigen, die in der Lage sind zu arbeiten, sollten Mindesteinkommensleistungen mit Anreizen zur (Wieder-)eingliederung in den Arbeitsmarkt kombiniert werden."*

Gemäß Artikel 12 ESC verpflichten sich die Vertragsparteien, um die wirksame Ausübung des Rechtes aller <u>Arbeitnehmer</u> und ihrer Angehörigen auf Soziale Sicherheit zu gewährleisten *„ein System der sozialen Sicherheit einzuführen oder beizubehalten; das System der sozialen Sicherheit auf einem befriedigenden Stand zu halten, der zumindest dem entspricht, der für die Ratifikation des Übereinkommens (Nr. 102) der Internationalen Arbeitsorganisation über die Mindestnormen der Sozialen Sicherheit erforderlich ist; sich zu bemühen, das System der sozialen Sicherheit fortschreitend auf einen höheren Stand zu bringen; (..)"*

Gemäß Artikel 13 ESC verpflichten sich die Vertragsparteien, um die wirksame Ausübung des Rechtes auf Fürsorge zu gewährleisten, *„sicherzustellen, daß jedem, der nicht über ausreichende Mittel verfügt und sich diese auch nicht selbst oder von anderen, insbesondere durch Leistungen aus einem System der Sozialen Sicherheit verschaf-*

fen kann, ausreichende Unterstützung gewährt wird und im Falle der Erkrankung die Betreuung, die seine Lage erfordert; … dafür zu sorgen, daß jedermann durch zweckentsprechende öffentliche oder private Einrichtungen die zur Verhütung, Behebung oder Milderung einer persönlichen oder familiären Notlage erforderliche Beratung und persönliche Hilfe erhalten kann; (..)"

Die UN-Agenda 2030 für nachhaltige Entwicklung fordert u.a. *„Den nationalen Gegebenheiten entsprechende Sozialschutzsysteme und -maßnahmen für alle umsetzen, einschließlich eines Basisschutzes, und bis 2030 eine breite Versorgung der Armen und Schwachen erreichen und Politiken zur Beendigung der Armut in all ihren Dimensionen (1.a). Auf nationaler, regionaler und internationaler Ebene solide politische Rahmen auf der Grundlage armutsorientierter und geschlechtersensibler Entwicklungsstrategien schaffen, um beschleunigte Investitionen in Maßnahmen zur Beseitigung der Armut zu unterstützen (1.b) (..). Politische Maßnahmen beschließen, insbesondere fiskalische, lohnpolitische und den Sozialschutz betreffende Maßnahmen, und schrittweise größere Gleichheit erzielen (10.4)."*

Der EWSA hat 2014 mit 155 gegen 93 Stimmen bei 12 Enthaltungen *„die drängende Notwendigkeit"* betont, *„ein angemessenes Mindesteinkommen in der Europäischen Union mithilfe einer Rahmenrichtlinie zur wirksamen Bekämpfung der Armut und zur leichteren Eingliederung in den Arbeitsmarkt zu gewährleisten, wie dies der <u>Ausschuss der Regionen und verschiedene Organisationen zur Armutsbekämpfung</u> gefordert haben, und ruft die Europäische Kommission zu einem koordinierten Vorgehen gemäß der <u>Entschließung des Europäischen Parlaments von 2011</u> auf; fordert (..) die Kommission auf, Finanzierungsmöglichkeiten für ein europäisches Mindesteinkommen zu prüfen und dabei den Schwerpunkt insbesondere auf die Perspektive der Schaffung eines geeigneten europäischen Fonds zu legen; (..); (..) hält es für notwendig, Mindesteinkommenssysteme einzuführen und die bestehenden zu stärken; spricht sich dafür aus, als Ergänzung der Methode der offenen Koordinierung im Bereich der Sozialpolitik eine europäische Richtlinie einzuführen, mit der die Mindesteinkommensregelungen auf alle Mitgliedstaaten ausgeweitet und die bestehenden Regelungen* *unter Berücksichtigung der unterschiedlichen nationalen Gegebenheiten verbessert würden und mit der somit eine starke Botschaft über den europäischen sozialen Pfeiler ausgesandt würde".*

<u>Kursorische Bewertung:</u>

Es existiert ein soziales Grundrecht auf soziale Unterstützung und eine Unterstützung für die Wohnung, die allen, die nicht über ausreichende Mittel verfügen, ein menschenwürdiges Dasein sicherstellen. Kinder haben in Form eines sozialen Grundrechts Anspruch auf den Schutz und die Fürsorge, die für ihr Wohlergehen notwendig sind.

Das Ziel der Strategie Europa 2020, die Zahl der von Armut Betroffenen um 20 Mio. zu senken, ist nicht erreichbar, die Zahl ist vielmehr noch gestiegen. Es ist davon auszugehen, dass in vielen Fällen für die von Armut Betroffenen kein menschenwürdiges Dasein gewährleistet ist.

Selbst wenn man der Auffassung sein sollte, dass die MS entsprechend den soziokulturellen, wirtschaftlichen und politischen Sozialstaatsvorstellungen für die Daseinsvorsorge verantwortlich bleiben sollen incl. Mindestlöhnen und Renten entsprechend dem Grundsatz der Subsidiarität:

Wenn die MS trotz ihrer o.g. Verpflichtungen dauerhaft und sehenden Auges aus offenkundigem Mangel an Solidarität nicht für flächendeckende und auskömmliche Sozialleistungen sorgen, ist dies ein Defizit, welches eine (teilweise) Kompetenzübertragung auf die EU rechtfertigen könnte (so auch Ulrich von Alemann et al.[26]).

Fraglich ist, ob diese Defizitanalyse mehrheitsfähig wäre und ob die o.g. Anforderungen der „sachlichen Notwendigkeit" des BVerfG gegeben wären.

---

[26] Fazit: Optionen für ein soziales Europa, in: Ulrich von Alemann et al. (Hrsg.) 2015 „Ein soziales Europa ist möglich", S. 357ff. (362).

3.4 Forderungskatalog/ad hoc-Maßnahmen (grds. unabhängig von einer Vertragsänderung oder einem rechtlich verbindlichen Sozialpakt zu realisieren?)

- OMK, die bereits den Bereich der Bekämpfung der Armut und Rente, Pflege sowie Gesundheit umfasst, explizit auf alle Systeme der sozialen Sicherheit, ein angemessenes Niveau des Sozialschutzes im gesamten Lebensverlauf (Mindesteinkommen) und Mindestlohn erstrecken, um dadurch insbesondere prekäre Arbeit zurückzudrängen.

- Der Europäische Wirtschafts- und Sozialausschuss hat am 17.09.2015 Grundsätze wirksamer und verlässlicher Sozialleistungssysteme beschlossen, z.B. Mindestschutz, Zugänglichkeit, Solidarprinzip, Transparenz, Nachhaltigkeit u.a. Diesen sollte i.R.d. OMK Geltung verschafft werden, auch ohne die grundsätzliche Zuständigkeit der MS für ihre Systeme der sozialen Sicherheit zu berühren.

- Mögliche Grundsätze der Fairness der EU zur Einkommensumverteilung im Rahmen der OMK (nach Paul J. J. Welfens[27]):

  > Die einkommensstärksten 20% der Haushalte müssen Nettobeiträge bei Steuer und Sozialabgaben leisten (F, BUL, ZYP derzeit nicht)

  > Grundfreibetrag von Einkommenssteuer i.H.d. Existenzminimums.

- Darauf hinwirken, dass die Europäischen Sozialpartner zu einer Rahmenvereinbarung für Mindestbedingungen für einen europäischen Mindestlohn gelangen, die in keinem sektoralen Tarifvertrag mehr unterschritten werden darf.

- Einführung von sozialen Mindeststandards in der EU-Krisenpolitik, um eine erneute soziale Schieflage der Krisenprogramme zu verhindern, damit es ggü. Krisenstaaten nicht wieder heißt, dass das Europäische Sozialmodell der Vergangenheit angehöre (Präsident der EZB Anfang 2012 im Wall Street Journal).

---

[27] Soziale Marktwirtschaft als lohnende Zukunftsinvestition der EU, in: Ulrich von Alemann et al. (Hrsg.) 2015 „Ein soziales Europa ist möglich", S. 87ff. (94).

- Tarifbindung ausweiten, Tarifautonomie sichern: Die IG Bau[28] sieht diese immer häufiger Angriffen aus europäischen Institutionen ausgesetzt, wenn z.B. Lohnsteigerungen in verschiedenen Instrumenten und Initiativen - insbesondere der Eurogruppe - nur noch dann als zulässig angesehen werden, wenn sie maximal dem Produktivitätsgewinn entsprechen, und versucht wird, diese Vorstellungen in Form von Aufträgen für nationale Stabilitätsräte verbindlich und sanktionsbewehrt zu verankern. Oder wenn in regelmäßigen Abständen von der Kommission bzw. dem EuGH versucht wird, ein im nationalen Recht der meisten Mitgliedstaaten stets abgelehntes „Verhältnismäßigkeitsprinzip" bereits für Tarifforderungen einzuführen.

- (Sektoralen) sozialen Dialog mit seinen über 40 Ausschüsse stärken und ernst nehmen.

- Wirksamere Arbeitsinspektion: Durchgriffsrechte für die Europäische Arbeitsbehörde/ELA im VO-Entwurf verankern (was die Bundesregierung im Rat ausdrücklich ablehnt).

- Das für 2018 angekündigte Europäische elektronische Sozialversicherungsregister[29] auf den Weg bringen. Insbesondere muss sichergestellt werden, dass es keinen Betrug bei der Abführung von Sozialversicherungsabgaben gibt.

- Mindestpersonalschlüssel für Arbeitsschutzaufsicht mit dem Ziel der gleichmäßigen Umsetzung der EU-RL zu sozialen Mindeststandards im Arbeitsschutz, die hohe Anforderungen stellen, um möglichen Wettbewerbsverzerrungen in der EU vorzubeugen.

- Potential des Lissabon-Vertrags ausschöpfen und die soziale Dimension vertiefen.

---

[28] Öffentliche Anhörung des Bundestagausschusses für Angelegenheiten der Europäischen Union am 21. Juni 2017 - Schriftliche Stellungnahme des Sachverständigen Frank Schmidt-Hullmann, Hauptabteilungsleiter Politik und Grundsatzfragen beim Bundesvorstand der Industriegewerkschaft Bauen-Agrar-Umwelt.

[29] Arbeitsprogramm der Kommission 2018 - Agenda für ein enger vereintes, stärkeres und demokratischeres Europa (COM 2017) 650 final, S. 6.

- Neue EU-2030 Strategie mit konkreten Zielvorgaben auf EU-Ebene zur schrittweisen Erreichung der zu wählenden Ziele; deutliche Impulse für eine soziale Aufwärtskonvergenz der mitgliedstaatlichen Sozialleistungssysteme auf hohem Niveau; Umsetzung der Grundsätze und Rechte der ESSR als tragendes Element des zukünftigen Wirtschafts- und Sozialmodells konsequent weiter verfolgen; Sozialinvestive Politik: Ausgaben im Sozialbereich als Investitionen in Menschen betrachten und nicht nur als Kostenfaktor.

- Im Rahmen der laufenden Verhandlungen zum MFR:

  > Der AdR[30] schlägt als Mittel zur Verwirklichung von Grundsatz 11 der ESSR vor, eine europäische Garantie gegen Kinderarmut aufzulegen, um der dramatischen Rate von Kinderarmut und Ausgrenzung in der EU (26,4% im Jahr 2017) entgegenzuwirken. Diese Garantie sollte integraler Bestandteil des ESF+ sein.

  > Kohäsionsförderung zur Unterstützung der Menschen ausbauen, ggf. mit höheren Beiträgen der MS, ESF+Betrag angesichts der Herausforderungen nicht auskömmlich, Kofinanzierungssätze beibehalten, um Quote des Mittelabrufs zu steigern.

---

[30] Stellungnahme zum Arbeitsprogramm 2019 der Kommission, Nr. 22.

4 Soziales Europa 2030/2045 – Thesen für eine sozialpolitische Initiative der Landesregierung

Michael Opielka

Die folgenden Thesen berücksichtigen die Diskussionen mit zahlreichen europapolitischen Akteuren im Vorfeld, während und im Anschluss an den Workshop „Soziales Europa 2030/2045 - Zukunftsszenarien für die EU-Sozialpolitik", den das ISÖ – Institut für Sozialökologie am 24. Januar 2019 mit der Thüringer Staatskanzlei in Erfurt durchführte.

In Kenntnis der „Europapolitische Strategie des Freistaats Thüringen 2.0" vom 3. Juli 2018 …

In Kenntnis des „Reflexionspapier zur Sozialen Dimension Europas" der Europäischen Kommission vom 26. April 2017 …

In Kenntnis des Beschlusses des Beschlusses der „Sitzung der 77. Europaministerkonferenz am 7. Juni 2018 in Brüssel" zu Tagesordnungspunkt 3 „Zukunft Soziales Europa" …

sowie in Kenntnis einer umfangreichen Literatur zur europäischen Sozialpolitik …

- begrüßen wir die Bereitschaft der Landesregierung Thüringen zu einem Minderheitenvotum zum Beschluss der Europaministerkonferenz, der zwar unter Punkt 3 „die mit der Europäischen Säule sozialer Rechte angestrebte soziale Konvergenz" befürwortet, unter Punkt 4 jedoch betont, „dass es zur Erreichung dieser Konvergenz (..) keiner Harmonisierung der Sozialsysteme der Mitgliedstaaten bedarf" und unter Punkt 6 „auf die primäre Zuständigkeit der Mitgliedstaaten in der Sozialpolitik als bedeutendem Bereich der nationalen Souveränität" hinweist

- begrüßen wir darin die Forderung nach einem „sozialpolitischen Programm mit konkreten Maßnahmen", für das „soweit erforderlich (..) Vertragsänderungen in Betracht gezogen werden müssen"
- begrüßen wir die Auffassung, dass „langfristig eine Harmonisierung erforderlich werden" kann
- begrüßen wir ferner, dass in der „Europapolitischen Strategie des Freistaates Thüringen 2.0" eine „Gleichrangigkeit der sozialen Dimension mit den (vier) wirtschaftlichen Grundfreiheiten" gefordert wird
- begrüßen wir, dass künftig „eine umfassende horizontale soziale Folgenabschätzung auf Basis der sozialpolitischen Zielstellungen der Verträge vorgenommen werden" soll
- begrüßen wir, dass im Rahmen des „europäischen Semesters" eine „soziale Governancestruktur" mit einem „neuen sozialpolitischen ‚Scoreboard'" zur Überprüfung der „Umsetzungsfortschritte" der sozialen Säule gefordert wird
- begrüßen wir, dass die Landesregierung die Maßgabe der Kommission unterstützt, wonach „im Rahmen des MFR 2021-2017 die soziale Komponente der Union" gestärkt und „die Europäische Säule sozialer Rechte vollständig umgesetzt werden muss"

Zugleich ...

- bedauern wir, dass das geforderte „sozialpolitische Programm" nur in einzelnen Elementen vorliegt und derzeit nicht erkennbar ist, wer an einem solchen Programm arbeitet
- bedauern wir, dass die „Festlegung ambitionierter gemeinsamer Mindeststandards im Bereich der sozialen Grundsicherung zur Sicherstellung eines angemessenen Lebensstandards in jedem Lebensabschnitt" logisch („gleichzeitig") mit der „Anreizfunktion zur Teilnahme am Arbeitsmarkt" gekoppelt wird und damit sozialpolitische Garantien unabhängig vom Arbeitsmarkt, die sogenannte „Dekommodifizierung" als Funktion der Sozialpolitik, systematisch übersehen werden

- bedauern wir, dass die erwogene „Änderung der Verträge" vor dem Hintergrund einer Interpretation der Rechtsprechung des Bundesverfassungsgerichts (BVerfGE 123, 267 „Lissabon-Urteil"), wonach sozialpolitisch wesentliche Entscheidungen in eigener Verantwortung der deutschen Gesetzgebungsorgane getroffen werden müssten, nicht konkretisiert wird

- bedauern wir, dass diese verengte Interpretation übersieht, dass die Herausbildung gemeinsamer sozialpolitischer Ziele, hinter denen gemeinsame, in der Grundrechtecharta bestätigte Wertvorstellungen stehen und die der weiteren Entwicklung ein europäisches Fundament bieten, die Initiative zum vergleichenden Lernen von der staatlichen auf die europäische Ebene wechseln ließ

- bedauern wir deshalb, dass die vom ehemaligen Bundesverfassungsrichter Dieter Grimm problematisierte „Konstitutionalisierung der Verträge" durch die Rechtsprechung des EuGH nicht ausreichend in ihren Folgen für die Europäische Sozialpolitik und die Legitimität des Europäischen Projektes zur Kenntnis genommen wird: „Entscheidungen von hohem Gewicht werden in einem unpolitischen Modus getroffen. Dazu konnte es kommen, weil die exekutiven und judikativen Institutionen der EU sich von den demokratischen Prozessen in den Mitgliedsstaaten wie in der EU selbst weitgehend entkoppelt haben. Die Möglichkeit dazu verdanken sie der ‚Konstitutionalisierung' der Verträge, der am wenigsten bemerkten Quelle des europäischen Legitimationsdefizits." (Grimm, Europa aber welches?, 2016, S. 7)

- bedauern wir, dass die von Grimm geforderte „Repolitisierung der europäischen Entscheidungsprozesse" noch immer durch eine europarechtliche Zögerlichkeit gebremst wird, die verkennt, dass Recht immer geronnene Politik ist und Politik das Feld von Konflikten über die allgemeinen Angelegenheiten

… und raten im Bewusstsein dieser historisch, politisch, rechtlich und gesellschaftlich hoch komplexen Situation der Regierung des Freistaates Thüringen …

1. eine öffentliche, langfristig angelegte Diskussion aller Anspruchsgruppen (Stakeholder) über die Abgabe nationaler Souveränität an supranationale Institutionen wie die EU (und in Teilen der UN) zu fördern und als Stakeholder sowohl die Sozialpartner, wie NGOs, Kirchen, Hochschulen und Medien anzusprechen

2. eine Weiterentwicklung der Verträge in Richtung Wohlfahrtsstaat Europa mit gleich gesinnten Landes- und Regionalregierungen in Europa beispielsweise auf der Plattform Europäischer Ausschuss der Regionen, aber auch in anderen geeigneten Formaten zu fördern

3. eine Verknüpfung von sozialpolitischen und umweltpolitischen Zielen, wie sie die Vereinten Nationen 2015 mit der „Agenda 2030" und den sogenannten SDGs (Sustainable Development Goals) beschlossen haben, zu einem Leitmotiv interministerieller Kooperation und transdisziplinärer Politikentwicklung in Thüringen zu machen

4. eine Entwicklung sozialpolitischer Innovationen zu unterstützen, die die Zukunft der Sozialen Sicherung in Deutschland systematisch im Europäischen Maßstab denkt, wie dies im „Zukunftslabor Schleswig-Holstein" versucht oder im Rahmen der Initiative „Twelve Stars" der Bertelsmann-Stiftung mit dem Vorschlag einer „Eurodividende" als partiellem Grundeinkommen diskutiert wird

5. einen Aufbau von Institutionen Europäischer Sozialpolitik mit eigenständiger, nicht ausschließlich von Regierungszuwendungen abhängiger Finanzierungsbasis zu fördern, wie dies im Rahmen der Diskussion um eine Europäische Arbeitslosenversicherung bereits geschieht und mit Institutionen wie EURES (Europäisches Jobportal) und Europäisches Solidaritätskorps hohe Legitimität erreicht

In Erwägung dieser und weiterer möglicher Innovationen raten wir der Landesregierung Thüringen ...

- Initiativen im Bundesrat und in der Europaministerkonferenz zu ergreifen, die normative und institutionelle Vorschläge enger koppeln

- die Kompetenz und Vernetzung der Thüringer Landesvertretung in Brüssel aus-zubauen und zum Transfer von Wissen und Diskursen zwischen Thüringen und der EU zu nutzen

- zu untersuchen und im Erfolgsfall deutlich zu dokumentieren, worin die Vorteile einer stärkeren Europäisierung der Sozialpolitik für die Bürgerinnen und Bürger Thüringens liegen

- den Konflikt um die Zukunft der Sozialpolitik offensiv zu führen und selbst als Akteur Sozialer Nachhaltigkeit aufzutreten

5 Programm und Zusammenfassung des Workshops „Soziales Europa 2030/2045 – Zukunftsszenarien für die EU-Sozialpolitik" 24. Januar 2019, Erfurt

Workshop

„Soziales Europa 2030/2045 - Zukunftsszenarien für die EU-Sozialpolitik"

Thüringer Staatskanzlei (Europa-Informationszentrum), 8.30 – 12:30 Uhr

8.30	*Begrüßung* Johannes Blasius (TSK), Prof. Dr. Michael Opielka (ISÖ)
8.40	Wolfgang Borde (TSK, stv. Leiter der Vertretung des Freistaats Thüringen bei der EU, Brüssel): *Jüngste Entwicklungen in der EU-Sozialpolitik seit 2015 (ESSR, Initiativen der Kommission, ESF+)*
9.10	Rückfragen
9.15	Prof. Dr. Michael Opielka (ISÖ): *Die 5 Zukunftsszenarien der EU-Sozialpolitik nach dem Weißbuch zur Zukunft Europas im Jahr 2025 sowie die Ziele für nachhaltige Entwicklung der Vereinten Nationen*
9.45	Rückfragen und Aussprache zu den Inputs *(Einsatz Mentimeter)*
10.00	Kaffeepause
10.15	Szenariomodellierung in Kleingruppen (Horizont 2030): Transfer zwischen EU und Landespolitik anhand von Beispielen: • Europäische Arbeitslosenversicherung / Agentur • OMK und mehr gemeinsamer soziale Sicherung • Antidiskriminierung • Grundsicherung und Grundeinkommen
11.00	Austausch und Szenariopräsentation
11.30	Kaffeepause
11.45	Dr. habil. Wolfgang Strengmann-Kuhn, MdB (ISÖ): *Sozialpolitische Initiativen im Europawahljahr 2019 und darüber hinaus* Rundgespräch/Diskussion aller Beteiligten
12.30	Schluss

Zusammenfassung

Wie soll die EU von morgen aussehen? Was spricht für einen „Wohlfahrtsstaat Europa"? Und wie kann der Transfer zwischen EU und Thüringer Landespolitik vorangebracht werden? Diese gewichtigen Fragen standen im Zentrum des Workshops „Soziales Europa". Über sie wurde am 24. Januar 2019 mit Vertreterinnen und Vertretern der Thüringer Staatskanzlei, des Thüringer Ministerium für Arbeit, Soziales, Gesundheit, Frauen und Familie sowie weiterer Ministerien im Europäischen Informationszentrum Thüringen in Erfurt diskutiert. Der auch methodisch innovative Workshop wurde durch das ISÖ – Institut für Sozialökologie vorbereitet und betreut. Ziel war es, mit Fachleuten der Thüringer Exekutive einen gemeinsamen Blick in die Zukunft zu wagen.

Johannes Blasius (Thüringer Staatskanzlei) und Prof. Dr. Michael Opielka (ISÖ) eröffneten den Workshop und reflektierten kurz über seinen Anlass. Zwar scheint sich die klare Mehrheit des Thüringer Landtags in Richtung „viel mehr gemeinsames Handeln" – eines der fünf Szenarien aus dem Weißbuch der EU-Kommission zur Zukunft Europas – auszusprechen. Dennoch wird dieses offensive Zukunftsszenario bislang kaum in Richtung eines Wohlfahrtsstaats Europa interpretiert. So überraschte der Beschluss der 77. Europaministerkonferenz vom 7. Juni 2018, der erklärte, „dass es zur Erreichung dieser Konvergenz jedoch keiner Harmonisierung der Sozialsysteme der Mitgliedsstaaten bedarf". Der Workshop müsse daher dem etwas „blutarmen" Diskurs mit neuen Impulsen zu erneutem Aufschwung verhelfen und sich der Stärkung des Gedankens der Sozialen Säule der EU widmen.

Im ersten Vortrag stellte Wolfgang Borde, stellvertretender Leiter der Thüringer Vertretung bei der Europäischen Kommission in Brüssel, die jüngsten Entwicklungen in der EU-Sozialpolitik vor. Er betont, dass die EU-Kommission unter politischem Druck steht, viele Forderungen, viel Kritik. Daher plädiert er dafür, die Leistungen der Kommission zu würdigen. Denn sie lege nicht die Hände in den Schoß und sei ehrgeizig, die Umsetzung der Sozialen Säule voranzutreiben. Dies legt er anhand von bisherigen und geplanten Gesetzesinitiativen im Bereich Soziales dar.

In der darauffolgenden Diskussion wurde insbesondere die Einschätzung der Generaldirektion Beschäftigung, Soziales und Integration thematisiert, dass der Weiterentwicklung der Wirtschaft in der EU im Vergleich zum Sozialen eine erhöhte Wichtigkeit zugemessen wird. Vor diesem Hintergrund wurden mögliche Koalitionsbildungen zur Stärkung der Europäischen Säule Sozialer Rechte (ESSR) imaginiert. Als Hindernisse für die Weiterentwicklung der ESSR wurde zum einen die politisch beförderte, höchst emotionale Handhabung der hierfür notwendigen finanziellen Mittel und zum anderen der dafür notwendige Verwaltungsaufwand benannt.

Professor Michael Opielka nahm in seinem Vortrag eine globale Perspektive ein. Der Frage nach einem Wohlfahrtsstaat Europa näherte er sich anhand der fünf Zukunftsszenarien des Weißbuchs der EU-Kommission sowie der „Sustainable Development Goals" (SDGs) der UN. Die Utopie Wohlfahrtsstaat Europa wäre reizvoll, wenn sie *besser* wäre als bisher und für die Sozialpolitik etwas *bringen* würde. Die Kombination der sozialpolitischen und umweltpolitischen Ziele der SDGs würde sich insofern eignen, um die Problemstellungen der EU zu kontrastieren und eine „Steuerung durch Ziele" zu profilieren. Während die EU allerdings lediglich ein „europäisches Wohlfahrtstaatsmodell" propagiert, ohne ein Wohlfahrtstaat zu sein, wird von populistischen Gegnern die Auflösung der EU und Stärkung des Nationalen gefordert, statt weiter gemeinsam voranzugehen. Hier erscheint es sinnvoll, einen Kompromiss beider Lager im Geiste einer Synthese zu finden. Der Übergang vom Staatenbund zum „Bundesstaat Europa", den „Vereinigten Staaten von Europa" mit dem Wohlfahrtsstaat Europa und einer „Grundeinkommensversicherung" im Zentrum wäre eine solche Synthese. Dabei kann ferner betont werden, dass die drei größten Einwände gegen einen Wohlfahrtsstaat Europa – die EU sei zu groß, es gebe kein gemeinsames Volksempfinden, die nationalen Traditionen sind zu vielfältig – empirisch wie theoretisch nicht haltbar sind. Letztlich wird erkennbar, dass viel für einen Wohlfahrtsstaat Europa sprechen würde. Seine Vision muss in Richtung eines föderalen, subsidiären und regulierenden Pluralitäts- und BürgerInnenstaats gedacht werden, dessen Prinzipien auf BürgerInnen- und Menschenrechten beruhen. Dies sei gut vereinbar mit der offenen Methode der Koordinierung (OMK).

In der gemeinsamen Diskussion zu den beiden Vorträgen wurde die Frage nach der Umsetzbarkeit eines Wohlfahrtstaats Europa aufgeworfen und ob dieser überhaupt politisch gewollt oder gar wünschenswert sei. Gerade aus juristischer Sicht tun sich viele Hürden auf, die im ersten Moment unüberwindbar scheinen. Auch würde es erst einmal nötig sein, die EU näher zu den BürgerInnen heranzubringen. Ein Wohlfahrtsstaat Europa könne nur kommen, wenn die BürgerInnen ihn auch wollen. Zurzeit scheint aber eher Politikverdruss zu herrschen.

Insbesondere die Stärkung der ESSR in den vergangenen Jahren scheint jedoch zu einer erhöhten Bewusstseinsbildung für die positiven Wirkungen der EU im Alltag der Menschen beigetragen haben. Die Identifikation der BürgerInnen scheint, so die Workshop-Teilnehmenden, mit der Verfestigung und dem Ausbau der ESSR einherzugehen. Das Engagement für die ArbeitnehmerInnen in Europa wirkt sich positiv auf die wahrnehmbare Wirkung Europas im Alltag der BürgerInnen aus, weniger Schilder wie „Hier baut Europa". Eine derartige Entwicklung lässt sich auch in der deutschen Sozialpolitikhistorie beobachten: Auf Bismarcks Sozialgesetzgebung in den 80er Jahren des 19. Jahrhunderts folgte eine wesentliche Identifikationssteigerung der ArbeitnehmerInnen mit dem Kaiserreich. Daher müsse die soziale Seite der EU stärker profiliert werden. Nur bei einer gemeinsamen und positiven Identität als EU-Nation kann auch ein gemeinsames Solidaritätsgefühl entstehen. Wenn dann der gemeinsame Wille da ist, würde sich auch ein Weg finden, der sich in kleinen Schritten beschreiten und bewältigen lässt.

Es besteht ein Spannungsverhältnis zwischen den Fragen: Was ist möglich und was ist wünschenswert? Wobei mit der gemeinsamen Suche nach dem Wünschenswerten begonnen und dies im Anschluss ermöglicht werden sollte. Die Staaten selbst müssen über sich hinauswachsen, allein der Wille der Kommission wird hierbei nicht ausreichen. Ein Willensstaat ist nur dort realisierbar, wo ein gemeinsamer Wille existiert.

Es wurde zudem geäußert, dass diese Diskussion unter der Entweder-oder-Problematik leidet. Die EU funktioniere nicht auf diese Weise. Die Diskussion führe durch derartige Extreme nur zu Widerständen, die es nicht brauche. Es braucht die Frage nach Bedarfen, kleinen Schritten und Gewöhnungsprozessen.

In Kleingruppenarbeit wurden im Anschluss verschiedene Szenario-Modellierungen für einen „Horizont 2030" konstruiert und später im Workshop-Plenum ausgewertet. Anhand von Beispielen wurde der Transfer zwischen EU und Landespolitik diskutiert. Dabei ging es darum, die Schwarmintelligenz der Gruppe zu aggregieren und anhand der Szenarien zu ermitteln, welche Zukunftsschritte auch von Seiten des Landes Thüringen unternommen werden könnten.

Eine Europäische Arbeitslosenversicherung würde sich zunächst eignen, gleichwertige Lebensverhältnisse, eine innereuropäische Identität und ein Zusammengehörigkeitsgefühl zu stiften. Über die Modellierung einer solchen Arbeitslosenversicherung als Umverteilung und Transferzahlung im Sinne einer echten Basisversicherung besteht Unsicherheit. Realistischer erschien das Modell einer unechten Basis- und Katastrophenversicherung als Ausgleichsfonds, der bei wirtschaftlichen Schocks kurzfristig unterstützend als Ausgleichsmechanismus fungiert. Die Rückzahlung des Kredits würde antizyklisch erfolgen. Transfers werden bei wirtschaftlichen Schocks ausgezahlt und im Boom zurückgezahlt. Die Möglichkeiten von Thüringen, eine solche Arbeitslosenversicherung voranzubringen, erschienen zunächst marginal. Thüringen müsse seine konsularische Wirkung nutzen. Durch die Thüringer Landesvertretung in Brüssel müsse es gelingen, nach regionalen Netzwerken und Partnerschaften zu suchen, um Koalitionen oder Lobbygruppen zu schmieden. Danach müsse man den direkten Kontakt zu Entscheidungsträgern in Brüssel aufzubauen.

Die offene Methode der Koordinierung (OMK) und das sogenannte Europäische Semester würden hingegen auf Bestehendem aufbauen und in Richtung „mehr soziales Europa" weisen. Im Sinne des Benchmarkings kann mithilfe des social scoreboard beurteilt werden, wie ausgeprägt bestimmte sozialpolitische Bereiche der Mitgliedsstaaten sind und wo Verbesserungsbedarf besteht. Hierfür müssen Mindeststandards definiert und operationalisiert werden. Die Europäische Säule Sozialer Rechte (ESSR) kann dafür eine angemessene Grundlage darstellen. Anhand von länderspezifischen Empfehlungen könnten best practice Beispiele profiliert werden. Dies würde politischen Druck in Richtung sozialpolitischer Innovationen und Verbesserungen kanalisieren. Unsicherheit bestand über die Frage der Verbindlichkeit eines solchen Instrumentariums. Jenseits der OMK (des Europäischen Semesters), deren Resultate vor allem Empfehlungscharakter besitzen, wäre denkbar, das Instrument des Sozialpakts einzusetzen, um für alle Mitgliedsstaaten gemeinsame Verabredungen in der Sozialpolitik zu treffen. Jedoch scheint auch diese Herangehensweise nur dann realistisch, wenn die Frage der rechtlichen Ebene und somit die Verbindlichkeit des Sozialpaktes zunächst offen gehalten wird.

Der Themenkomplex Antidiskriminierung werde auf EU-Ebene eher stiefmütterlich behandelt. Hier wurde festgestellt, dass der Weg zwar bereits in Richtung einer gemeinsamen Identitätsstiftung als EU-BürgerInnen beschritten wird, dennoch richten sich diskriminierende Tendenzen noch immer gegen „fremde" Ethnien. Der Bereich der Bildung müsse einen Zugang für alle bieten. Dabei sei es wichtig, dass „alle" mitgenommen werden. Hierfür müsse der Blick auf Gender und Diversity sensibilisiert werden. Insbesondere auf die unter anderem von deutschen Wirtschaftsvertretern abgelehnte, seit 2008 im Europäischen Rat vorliegende Antidiskriminierungsrichtlinie lasse Zweifel über den Willen der Mitgliedsstaaten aufkeimen.

Auch eine Grundsicherung oder ein Grundeinkommen als EU-Sozialtransfer („Eurodividende") würde grundlegend identitätsstiftend wirken, die Teilhabe der BürgerInnen ermöglichen, sozialen Frieden stiften, vor allem aber ein Auseinanderdriften der Einkommensverhältnisse reduzieren und Armut bekämpfen. Schwierigkeiten in der politischen Debatte um ein Grundeinkommen sind zwar unbestreitbar, doch sie zeigen einmal mehr, dass der Wille in Richtung „mehr soziales Europa" vorhanden ist. Klärungsbedürftig wird vor allem, inwiefern die Begriffe Armut, Bedürftigkeit, Existenzsicherung

oder -minimum und andere relevante Variablen konsensual definiert werden können, um so Vergleichbarkeit herzustellen.

Insbesondere vor dem Hintergrund der deutschen Ratspräsidentschaft im zweiten Halbjahr 2020 gelte es bald, die Rahmenbedingungen für eine derartige Diskussion zu schaffen. Sicherungsmodelle und Finanzierungsmöglichkeiten müssten erarbeitet und diskutiert werden. Vor dem Hintergrund eines Wunsches nach „mehr gemeinsamem Handeln" in der Thüringer Koalition bleibt der Antrieb weiterhin bestehen, identitätsstiftende Entwicklungen zu befördern.

Nach der Gruppenauswertungsphase stellte Dr. Wolfgang Strengmann-Kuhn, MdB im Ausschuss für Europaangelegenheiten und Vorstandsmitglied im Trägerverein des ISÖ, weitere sozialpolitische Initiativen für das Europawahljahr 2019 und darüber hinaus vor, um die abschließende Frage „wo stehen wir und wo geht es hin?" zu beantworten. Er beschrieb zunächst, dass die EU weiter vorangehen will, die Prozesse von manchen Mitgliedsstaaten jedoch ausgebremst werden. Doch weitere Anstöße sind vorhanden. Der Ball rolle durch OMK, Europäisches Semester und ESSR weiter. 2019 soll die soziale Dimension durch die EU-Arbeitsbehörde, das Europäische Semester und die Diskussion über eine Arbeitslosen-Rückversicherung vertieft werden. Darüber hinaus wird vorgeschlagen, die SDGs als Perspektive für die Nachfolge der EU 2020 Strategie heranzuziehen, um so europaweite und nicht nur innerstaatliche Entwicklungen voranzutreiben. Sie würden es ermöglichen, weiterhin die nationale auf eine europaweite Perspektive zu treiben und die soziale Dimension weiter zu vertiefen. Dabei müssen soziale Ziele genauso viel wert sein wie wirtschaftliche Ziele (Ergänzung der sozialen Fortschrittsklausel). Grenzüberschreitende soziale Sicherungssysteme müssen daher zunehmend relevant werden. Hierfür könnten ein europäisches Basiskindergeld oder eine Eurodividende als partielles Grundeinkommen infrage kommen.

Es wird erwartet, dass in Bezug auf eine Armutsmessungsdebatte in Europa eine ähnliche Entwicklung eintreten wird, wie sie im Deutschland der 1990er Jahre stattfand. Soll der Median der einzelnen Bestandteile (bspw. Ost- und Westdeutschland bzw. nur in Bezug auf die Mitgliedsstaaten) ermittelt werden oder doch ein gemeinsamer, europäischer Wert erhoben und entwickelt werden?

Auch eine EU-Arbeitslosenversicherung könne keine umfassende Antwort auf diese Fragen sein, denn insbesondere durch die Unterschiede im subjektiven Wohlfahrtsverständnis könnte durch deren Leistungen beispielsweise kein sicheres Wohnen garantiert werden. Pauschalwerte scheinen eine politische Organisation der Betroffenen zu erschweren. Durch Mindestwerte, die sich innerhalb der EU unterscheiden, kann kaum eine identitätsstiftende Wirkung erzielt werden. In diesem Wiederspruch braucht es eine offene, EU-weite Diskussion, die es schafft Gemeinsames zu finden, Regelungen zu schaffen aber auch Pauschalisierungen zu erlauben. Konsens in der EU-weiten Diskussion ist weiterhin, dass eine mögliche Grundsicherung auch weiterhin dem Prinzip der Subsidiarität folgen soll, die nationalen Regelungen also Vorrang haben.

Auf die Frage, welches Format nun zur weiteren Entwicklung gewählt werden soll, konnte in diesem Workshop keine abschließende Antwort gefunden werden. Jedoch wurden, wie in der Schlussrunde bemerkt, inspirierende Eindrücke gewonnen und Diskussionen geführt, die in der Folgezeit durch die Vermittlung an die jeweiligen Haus- und Büroleitungen einen größeren politischen Hintergrund gewinnen sollen. Mittelfristig besteht Hoffnung, dass Sozialpolitik gleichgewichtig gehandhabt wird, da dieser Vorstoß bereits seit einiger Zeit in der EU vorliegt und ein Kompromiss erreicht werden sollte. Daher sollten konkrete Ideen, wie beispielsweise die Idee eines Sozialpakts, ausformuliert und in den öffentlichen Diskurs eingebracht werden. In der Diskussion wurde darauf hingewiesen, dass ein Mehr an Europäischer Sozialpolitik möglicherweise auch eine Änderung des EU-Vertrags erfordere, was angesichts der komplexen Verhandlungsarrangements zugleich als nicht sehr aussichtsreich eingeschätzt wird.

Das Meinungsbild der Abschlussdiskussion stimmte optimistisch: Die Profilierung und Stärkung der Diskussionskultur um einen Wohlfahrtsstaat Europa verschiebt die Perspektive über den Tellerrand hinaus und hilft, nicht nur national, sondern europäisch zu denken. Sie hilft, gemeinsame und demokratiefähige Botschaften oder Themen zu

formulieren, mit denen man vorangehen will. Sie hilft sogar, eine gemeinsame Perspektive für die Frage, was eine gute Gesellschaft sei, zu konstruieren. Die EU ist ein Treiber in Richtung Pauschalisierung und Harmonisierung sozialer Standards. Wenn dieser Weg gemeinsam beschritten werden soll, braucht es auf der einen Seite Zukunftsszenarien, Utopien und langfristige Ziele. Auf der anderen Seite braucht es einen Willen und Ideen, wie man diese in kleinen Schritten verwirklichen kann. Die Herausforderung dabei wird es sein, sich zu einigen, Gemeinsamkeiten und Kompromisse zu finden. Insofern wird die Debatte um den Wohlfahrtsstaat Europa weitergehen.

6   Anhang: Jüngste Entwicklungen in der EU-Sozialpolitik

Wolfgang Borde

Jüngste Entwicklungen in der

EU-Sozialpolitik

Wolfgang Borde, TLVEU Brüssel
Januar 2019

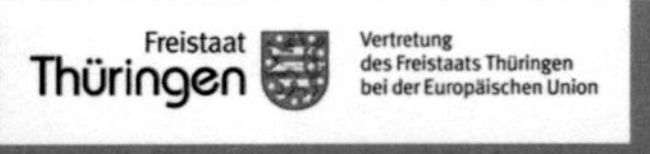

„Ich möchte ein Europa mit einem
sozialen Triple-A.“

„Ein soziales Triple-A ist genauso
wichtig wie ein wirtschaftliches und
finanzielles Triple-A.“

Jean-Claude Juncker, September 2014

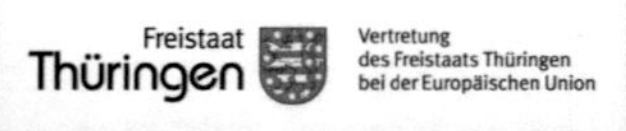

Was hat die Kommission seit dem unternommen?

Gesetzesinitiativen

8. März 2016

Richtlinie über die Entsendung von Arbeitnehmern im Rahmen der Erbringung von Dienstleistungen (Änderung), KOM(2016) 128

Sachstand: in Kraft seit dem 9. Juli 2018

<u>Wichtige Änderungen:</u>

* Grundsatz "gleicher Lohn für gleiche Arbeit am gleichen Ort"

* Begrenzung der Entsendung auf grds. 12 Monate (Verlängerung auf 18 Monate möglich)

* Reise-, Verpflegungs- oder Unterbringungskosten extra

Gesetzesinitiativen

13. Dezember 2016

Verordnung zur Koordinierung der Systeme der sozialen Sicherung, Änderung der VO (EG) Nr. 883/2004 – KOM(2016) 815

Sachstand:

EP: Stellungnahme im EMPL-Ausschuss am 20. November 2018 verabschiedet

Rat: Allgemeine Ausrichtung am 21. Juni 2018 (EPSCO)*

► **Trilog-Verhandlungen**

Nichtlegislativ

26. April 2017

Vorschlag: interinstitutionelle Proklamation zur europäischen Säule sozialer Rechte - KOM(2017) 251

- Proklamation am 17. November 2017 (Göteborg) durch Rat, Parlament und Kommission **angenommen.**

- 20 Grundsätze als Leitplanken für die Schaffung hoher Sozialstandards betreffend:

  o Chancengleichheit und Arbeitsmarktzugang

  o faire Arbeitsbedingungen

  o Sozialschutz und soziale Inklusion

Europäische Säule sozialer Rechte

- Umsetzung ist gemeinsame politische Verpflichtung und Verantwortung (keine Rechtswirkung aber **politische Verpflichtung** der Unterzeichner)

- Umsetzung erfolgt im Wesentlichen auf **nationalstaatlicher Ebene**

- **Überprüfung** i.R. Europäischen Semesters mittels sozialpolitischem Scoreboard

- Eingebettet in Debatte um Zukunft Europas (Weißbuch vom 1. März 2017)

- KOM: Meilenstein beim Aufbau sozialen Europas und Schritt auf Weg zum Gipfel 9. Mai 2019 in Sibiu (Schlussfolgerungen zur Zukunft der EU)

Nichtlegislativ

26. April 2017

Reflexionspapier zur sozialen Dimension Europas - KOM(2017) 206

<u>Fünf Szenarien:</u>

- weiter wie bisher

- Schwerpunkt Binnenmarkt

- wer mehr will, tut mehr

- weniger, aber effizienter

- vielmehr gemeinsames Handeln

Gesetzesinitiative

26. April 2017

Richtlinie zur Vereinbarkeit von Beruf und Privatleben für Eltern und pflegende Angehörige - KOM(2017) 253

Inhalt:

- Zehn Arbeitstage Urlaub im Zusammenhang mit der Geburt eines Kindes
- vier Monate Eltern-Urlaub für Kinder bis 12 J (statt 8 J)
- individueller Anspruch, nicht übertragbar
- 5 Tage Pflegeurlaub
- Vergütung mindestens in Höhe des Krankengeldes
- Recht auf flexible Arbeitsregelungen bei Kindern bis 12 J

Vereinbarkeit von Beruf und Privatleben

Sachstand:

EP: Stellungnahme im EMPL-Ausschuss am 24. August 2018 verabschiedet

Rat: Allg. Ausrichtung am 21. Juni 2018 (EPSCO)

▸ **Trilog-Verhandlungen**

Gesetzesinitiativen

21. Dezember 2017
Richtlinie über transparente und verlässliche Arbeitsbedingungen - KOM(2017) 797

Inhalt u. a.:

- Pflicht der AG zur ausf. Unterrichtung über wesentliche Aspekte des AV

- Höchstdauer für die Probezeit

- Möglichkeit der Mehrfachbeschäftigung

- Mindestplanbarkeit der Arbeit mit angemessenem Vorlauf

- Anspruch auf kostenlose obligatorische Fortbildung

Gesetzesinitiativen

Sachstand:

<u>EPSCO-Rat am 21. Juni 2018: allgemeine Ausrichtung</u>

<u>EP EMPL Stellungnahme vom 26.10.2018</u>

▸ **Trilog-Verhandlungen**

Gesetzesinitiativen

13. März 2018

Verordnung zur Errichtung einer europäischen Arbeitsbehörde - KOM(2018) 131

- Info für Arbeitgeber/Arbeitnehmer über Rechte und Pflichten in grenzüberschreitenden Situationen;

- Förderung der Zusammenarbeit zwischen nationalen Behörden (Informationsaustausch, Unterstützung bei Kontrollen) zur besseren Umsetzung und Einhaltung EU-Rechts;

- vermittelnde Rolle bei grenzüberschreitenden Streitigkeiten (z.B. bei Unternehmensumstrukturierungen, die mehrere Mitgliedstaaten betreffen.

Europäische Arbeitsbehörde

Sachstand:

Rat: Allgemeine Ausrichtung beim EPSCO-Rat am 6.12.2018

EP EMPL Stellungnahme vom 20.11.2018

▸ **Trilog-Verhandlungen**

Ratsempfehlungen

14. März 2018
Empfehlung des Rates zum Zugang zum Sozialschutz für Arbeitnehmer und Selbstständige - KOM(2018) 132

<u>Mitgliedstaaten</u> sollen dafür sorgen, dass:

* Lücken bei der Absicherung geschlossen werden,
* tatsächliche angemessene Absicherung angeboten wird,
* Übertragung von Ansprüchen von einem Arbeitsplatz zum nächsten gewährleistet wir,
* Zugang zu Informationen über Rechte und Pflichten i.R.d. Sozialschutz verbessert wird,
* Verwaltungsanforderungen vereinfacht werden. Empfehlung des Rates zum Zugang zum Sozialschutz für Arbeitnehmer und Selbstständige - KOM(2018) 132

Einigung beim EPSCO-Rat am 6. Dezember 2018

Gesetzesinitiativen

30. Mai 2018

Verordnung über den Europäischen Sozialfonds Plus (ESF+) – KOM(2018) 382

<u>Zusammenfassung</u> folgender Förderprogramme:

- der Europäische Sozialfonds (ESF) und die Beschäftigungsinitiative für junge Menschen (YEI)

- der EU-Hilfsfonds für die am stärksten benachteiligten Personen (FEAD)

- das EU-Programm für Beschäftigung und soziale Innovation (EaSI)

- das EU-Gesundheitsprogramm

Gesetzesinitiativen  **E S F +**

Hauptinterventionsbereiche:

(1) Bildung, Ausbildung und lebenslanges Lernen;

(2) Wirksamkeit der Arbeitsmärkte und gleichberechtigter Zugang zu hochwertiger Beschäftigung;

(3) soziale Eingliederung, Gesundheit und Bekämpfung der Armut.

Gesetzesinitiativen

30. Mai 2018

Europäischer Fonds für die Anpassung an die Globalisierung (EGF) nach 2020 – KOM(2018) 380

<u>Neu:</u>

- Einsatz bei generellen erheblichen Umstrukturierungen (zuvor nur bei sich ändernden globalen Handelsmustern oder Folgen der Finanz- und Wirtschaftskrise)

- Schwellenabsenkung: Einsatz bei 250 entlassenen AN (bislang 500)

- Absenkung des Kofinanzierungssatzes von 60 % für best. Mitgliedstaaten

Gesetzesinitiativen

EGF

EP EMPL-Ausschuss: Stellungnahme vom 16. Januar 2019

(u.a. Schwellenabsenkung auf 200, Ausdehnung des Anwendungsbereiches Klimawandel, Digitalisierung, Automatisierung)

Rat: Fortschrittsbericht beim EPSCO-Rat am 6. Dezember 2018

ISÖ
Institut für
Sozialökologie

Vielen Dank für die Aufmerksamkeit!

7   Autorinnen und Autoren

Wolfgang Borde

Wolfgang Borde ist stellvertretender Leiter der Vertretung des Freistaats Thüringen bei der Europäischen Union in Brüssel.

Christine Kirschbaum

Christine Kirschbaum ist stellvertretende Referatsleiterin im Thüringer Ministerium für Arbeit, Soziales, Gesundheit, Frauen und Familie (TMASGFF), Referat 15 - EU-Angelegenheiten, Datenschutz.

Prof. Dr. Michael Opielka (Wissenschaftlicher Leiter, ISÖ – Institut für Sozialökologie)

Wissenschaftlicher Leiter und Geschäftsführer des ISÖ – Institut für Sozialökologie in Siegburg und Professor für Sozialpolitik am Fachbereich Sozialwesen der Ernst-Abbe-Hochschule Jena. 2012 bis 2016 leitete er zudem das IZT - Institut für Zukunftsstudien und Technologiebewertung in Berlin. 2015 Gastprofessor für Soziale Nachhaltigkeit an der Universität Leipzig. Visiting Scholar University of California at Berkeley (1990-1, 2005-6). Promotion (Humboldt-Universität zu Berlin 1996) und Habilitation (Universität Hamburg 2008) in Soziologie.

Dr. Wolfgang Strengmann-Kuhn (MdB, Bundestagsfraktion Bündnis 90/Die Grünen)

Volkswirt, hat an der Universität Bielefeld (1992-1995), der Goethe Universität Frankfurt (1996-2000 und 2004-2008) und der Universität Hohenheim (2001-2003) gelehrt und geforscht. Promotion (2002) und Habilitation (2006) an der Goethe-Universität Frankfurt. 2007-2008 Vertretungsprofessor der Professur für Labor Economics an der Goethe Universität Frankfurt. Seit 2008 Mitglied des deutschen Bundestags, von 2009-2013 Sprecher für Rentenpolitik, seit 2014 Sprecher für Sozialpolitik. Mitglied im Vorstand des Trägervereins des ISÖ, der Sozialökologischen Gesellschaft e.V.

Impressum

ISÖ – Institut für Sozialökologie gemeinnützige GmbH

Tel.: +49 (0) 2241 1457073
Fax: +49 (0) 2241 1457039

Ringstraße 8
53721 Siegburg

Wissenschaftlicher Leiter und Geschäftsführer
Prof. Dr. habil. Michael Opielka

Förder- und Trägerverein
Sozialökologische Gesellschaft e.V. (gemeinnützig) - gegründet 1987

Mitgliedschaften
Mitglied der Arbeitsgemeinschaft Sozialwissenschaftlicher Institute e.V. (ASI)
Mitglied im Deutschen Verein für öffentliche und private Fürsorge e.V.

www.isoe.org